AF565274

Die Kochschule für Kinder

ARTI
FEX

TINA MARCELLI

Die Kochschule für KINDER

40 kinderleichte Rezepte
zum Nachkochen

ATHESIA VERLAG

Inhalt

Unsere Lieblingsspeisen

Für zwischendurch und zum Naschen

TM

Hallo erst mal!

Liebe Kinder!

Kochen macht Spaß! Ich weiß, was ihr jetzt denkt, aber nein: Es waren nicht eure Eltern, die mich dazu angestiftet haben, das zu sagen. Kochen macht wirklich Spaß. Vor allem dann, wenn man gelernt hat, wie's geht, wenn man ein paar Tricks kennt und weiß, worauf man achtgeben muss, damit man nicht mit zehn Fingern zu kochen beginnt und mit neuneinhalb aufhört.

In diesem Buch geht's genau darum: um das, was man rund ums Kochen wissen muss, um nützliche Tipps und um Rezepte, die ihr ohne große Hilfe von Mama oder Papa nachkochen könnt. Locker. Vor allem aber geht's in diesem Buch um – Spaß. Und den werdet ihr in der Küche haben, versprochen!

Also, ran an die Töpfe!

Eure Tina

Achtung, Moralpredigt!

Blöde Frage, aber hast du schon einmal eine Kuh gesehen? Ist dir aufgefallen, was für ein tolles Tier das ist? Oder ein Schwein? Hast du gesehen, wie es mit der Schnauze durch die Erde pflügt? Weißt du, wie eine Zucchiniblüte aussieht? Sie ist groß und dunkelgelb, während Melanzane lila blühen. Hast du im Wald schon einmal Pfifferlinge gefunden oder sogar einen Steinpilz? Und hast du gewusst, dass es die Bakterien in der Milchsäure sind, die unseren Joghurt machen?

Warum erzähle ich dir das alles? Ganz einfach: Wer kocht, muss wissen, dass er mit dem arbeitet, was die Natur uns schenkt. Und fast alles, was auf den Tisch kommt, hat einmal gelebt, egal ob als Pilz, Pflanze oder Tier. Lebensmittel tragen das Wort „Leben" also nicht umsonst im Namen, sie in die Tonne zu treten, kommt daher nicht infrage. Nicht nur aus Respekt vor dem Leben, sondern auch aus Respekt vor denjenigen, für die gut und vor allem genug essen keine Selbstverständlichkeit ist. Ich weiß, ich weiß: Ich klinge jetzt wie deine Eltern oder deine Lehrerin. Aber das musste einfach einmal gesagt werden. Uff ...

Was ist was in der Küche?

Als Kind war die Küche für mich so etwas wie ein geheimes Labor, in dem sich nur meine Eltern zurechtfanden – zwei Magier, die mit Instrumenten hantiert haben, deren Sinn nur sie zu kennen schienen. Aber ich kann dir sagen: Wenn man einmal weiß, was in der Küche was ist und wofür man es braucht, wirkt sie schon weit weniger geheimnisvoll und einschüchternd. Ein magischer Ort ist sie für mich aber immer noch.

Ausstecher: Nicht nur Kekse aus Teig werden mithilfe von Ausstechern ausgestochen. Man kann auch das Innere von Toastbrot ausstechen oder anderen Teig wie für Pizza oder Brot.

Backblech: Alles, was in den Backofen kommt, wird entweder auf einen Rost oder ein Backblech gelegt. Und das wird im Normalfall auf der mittleren Schiene in den Ofen geschoben. Aber Vorsicht beim Herausnehmen: immer → Ofenhandschuhe tragen!

Backofen: Zum Backen und Braten gibt's in der Küche den Backofen, der sich bis auf über 200 Grad aufheizen lässt. Dabei gilt es, Ober- und Unterhitze bzw. Umluft zu unterscheiden. Bei Ersterer wird der Ofen – was für Überraschung! – von oben und unten beheizt, bei Umluft kommt noch ein Ventilator dazu, der die Hitze gleichmäßig verteilt. Pi mal Daumen kommt der Umluft-Modus mit 20 Grad weniger aus. 200 Grad Umluft entsprechen also 220 Grad Ober- und Unterhitze. Ungefähr.

Backpapier: Musste man früher → Backbleche oft lange, lange schrubben, um es von eingebrannten Essensresten zu befreien, gibt es heute die geniale Erfindung namens Backpapier. Bedeckt man das Backblech damit, haftet nichts an, alles lässt sich problemlos vom Blech nehmen. Und schrubben muss man auch nicht mehr.

Esslöffel: Kleinere Mengen sind in Rezepten häufig nicht in Gramm oder Milliliter angegeben, sondern in Esslöffeln, abgekürzt EL. Ein Esslöffel ist dabei der Löffel, den du zum Suppeessen verwendest.

Klarsichtfolie: Klarsichtfolie wird auch Frischhaltefolie genannt und damit ist schon alles gesagt. Oder fast alles. In Folie eingepackt, halten sich Lebensmittel länger, weil sie nicht austrocknen. Noch einen Vorteil hat die Folie: Sie schützt vor Geruch, und zwar gleich doppelt. Zum einen riecht nicht der ganze Kühlschrank nach dem, was wir in Folie verpackt haben, zum anderen nimmt der Inhalt aber auch keinen Geruch von außen an. Wie bei jedem Kunststoff gilt aber auch hier: der Umwelt zuliebe sparsam verwenden!

Kochlöffel: Der Kochlöffel ist ein großer Löffel mit langem Stiel. Die Vertiefung vorne ist sehr flach, weil der Kochlöffel weniger zum Löffeln als vielmehr zum Rühren verwendet wird. Ich ziehe übrigens Kochlöffel aus Holz jenen aus Kunststoff vor. Sie sind nicht empfindlich, eignen sich auch zum Rühren in beschichteten Pfannen – und ein klein bisschen weniger Plastik in der Küche schadet auch nicht.

Kuchenform: Kuchen werden – außer Blechkuchen – in einer Kuchenform gebacken. Die klassische Springform besteht aus einem Boden mit 25 oder 30 Zentimeter Durchmesser und einem Metallring als Seitenwand. Der Ring lässt sich öffnen und schließen, sodass er nach dem Backen locker vom Kuchen gehoben werden kann. Genial einfach, einfach genial.

Küchentücher: Abspülen und Abtrocknen gehört zum Kochen („Leider!" höre ich dich stöhnen), deshalb gehören in jede Küche ein paar gute Küchentücher. Die gibt's aus Baumwolle, Leinen und Halbleinen. Baumwolltücher saugen besser, Leinentücher halten länger, solche aus Halbleinen, aus Baumwolle und Leinen also, saugen top und halten lange. Na, welche Küchentücher verwende ich wohl?

Küchenwaage: Beim Kochen, vor allem aber beim Backen, kommt es immer darauf an, mit genauen Mengen zu arbeiten. Deshalb ist eine Küchenwaage notwendig, am besten eine digitale, weil sich die genauer ablesen lässt. Praktisch ist bei einer Waage die Tarafunktion, bei der man eine Schüssel auf die Waage und diese dann auf null stellen kann. So müssen wir nicht lange kopfrechnen. Lass dir von deinen Eltern zeigen, wie die Tarafunktion bei eurer Waage funktioniert.

Backblech
Ofenhandschuh
Silikonformen
Waffeleisen
Kuchenform
Spritzbeutel
Mixstab
Topf und Pfanne
Backpapier

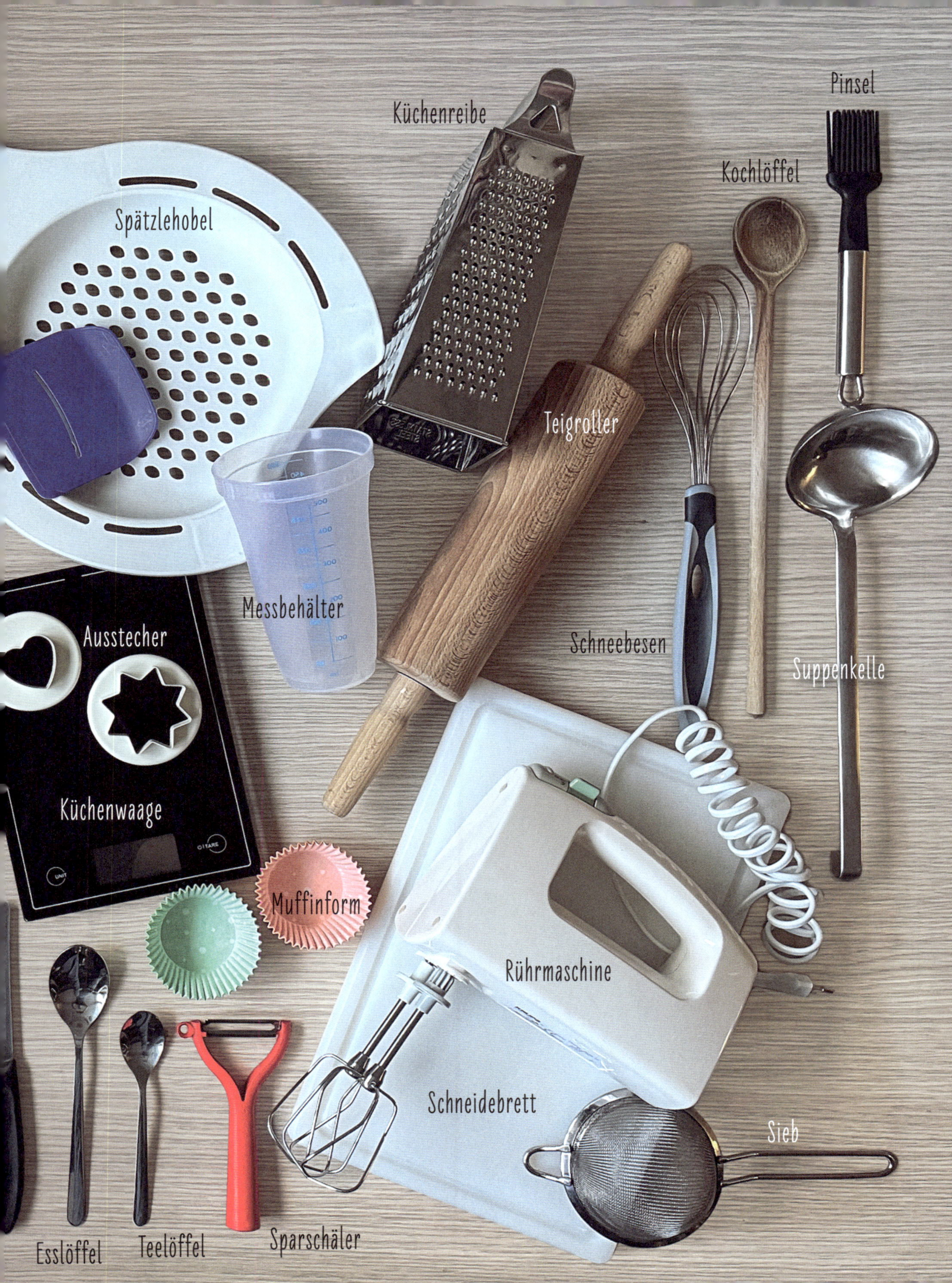
Küchenreibe
Pinsel
Kochlöffel
Spätzlehobel
Teigroller
Messbehälter
Ausstecher
Schneebesen
Suppenkelle
Küchenwaage
Muffinform
Rührmaschine
Schneidebrett
Sieb
Esslöffel
Teelöffel
Sparschäler

Messbehälter: Um Flüssigkeiten zuverlässig (und einfach) abmessen zu können, verwendest du einen Messbehälter. Der hat an der Seite meist mehrere unterschiedliche Messskalen, gib also acht, dass du die richtige im Auge hast. Und wie findest du die richtige? Ganz einfach: Die Maßeinheit – also zum Beispiel Liter oder Kubikzentimeter – ist meist über der Skala aufgedruckt.

Messer: Jeder Koch hütet seine Messer wie einen Schatz. Seine Messer, Mehrzahl, denn mindestens drei gehören in jede Küche: als Alleskönner ein großes Kochmesser zum Schneiden, Hacken und Wiegen, ein kleineres Gemüsemesser und ein langes Brotmesser mit gezackter Klinge. Aber egal, welches Messer: Scharf sollte es immer sein – und du sehr, sehr vorsichtig.

Mixstab: Der Mix- oder Pürierstab ist so etwas wie ein beweglicher Mixer. Im Griff ist ein Motor verbaut, der ein kleines Messer am Ende des Stabs antreibt. Dieses Messer dreht sich so schnell, dass es alles klitzeklein hackt, was ihm in die Quere kommt. So macht man etwa aus Gemüseklumpen eine samtige Soße. Klar ist: Finger weg vom Messer! Weit weg!

Muffinform: Eine Muffinform sieht aus wie ein kleines → Backblech nach dem Einschlag eines ganzen Meteoritenregens. Im Blech sind nämlich Vertiefungen eingelassen, in die der Muffinteig gefüllt wird. Weil eine gute Muffinform antihaftbeschichtet ist, kann der Teig direkt eingefüllt werden, die Muffins lösen sich nach dem Backen problemlos. Oder man verwendet Muffinförmchen aus Silikon oder Papier. Verwende die Papier-Muffinförmchen am besten mit der Muffinform, weil sie allein nicht stabil genug sind. Also: Muffinpapierchen in die Vertiefungen der Muffinform geben, Teig hinein und fertig. Übrigens: Am besten, du füllst die Papierchen nur zu rund drei Viertel mit Teig, damit der Teig beim Aufgehen in der Hitze nicht überläuft.

Ofenhandschuhe: Weil ein → Backblech aus Metall ist, wird es genauso heiß wie der → Backofen selbst. Und ich kann dir aus schmerzhafter Erfahrung sagen: 200 Grad fühlen sich auf der Haut nicht gerade angenehm an. Deshalb trägt man zum Schutz vor der Hitze Ofenhandschuhe, genau die Dinger also, die ein bisschen so aussehen, als wären es Boxhandschuhe.

Pinsel: Köchinnen und Köche sind keine Maler, aber Anstreicher. Beim Backen etwa müssen Teige oft mit Ei oder Milch eingepinselt werden, manchmal pinselt man auch flüssige Marmelade darüber. Am besten funktionieren übrigens Pinsel aus Silikon. Die sind kaum kaputt zu kriegen, verlieren keine Haare und fühlen sich in der Spülmaschine wohl.

Rührmaschine: Du musst Tonnen an Gewichten gestemmt haben, damit du einen Teig mit der Hand rühren kannst. Zum Glück gibt es deshalb die Rührmaschine, die diesen Job für dich übernimmt. Und wenn's keine Rührmaschine gibt, hilft oft auch schon ein Handrührgerät, das man – wie der Name schon sagt – in der Hand hält und das zwei Rührbesen elektrisch antreibt. Anstatt eines Rührgerätes kann man auch eine Handrührmaschine verwenden.

Schneebesen: Will man etwas fluffig oder glatt rühren, verwendet man dafür den Schneebesen. Das ist das Ding, das aussieht wie eine Keule, nur dass diese Keule aus einem Stiel und spiralförmigen Drähten besteht. Die sind zum Glück flexibel – den Schneebesen deinen lästigen Geschwistern überzuziehen, bringt also wenig.

Schneidebrett: Damit du nicht allerhand Muster in die Arbeitsfläche eurer Küche schnitzt, brauchst du ein Schneidebrett. Am besten ist, du verwendest ein möglichst großes, schweres aus Holz. Lege darunter entweder ein feuchtes → Küchentuch oder vier Gummibänder jeweils unter die Ecken. Dann liegt das Schneidebrett stabil auf und es bewegt sich nicht beim Schneiden.

Sieb: Das Sieb trennt feste von flüssigen Bestandteilen, weil flüssige oder kleinkörnige Substanzen durch die klitzekleinen Löcher durchpassen und die großen nicht. In der Küche wird es verwendet, um z. B. Mehlklumpen ganz fein zu sieben, damit im Teig keine Klumpen entstehen.

Silikonform: Silikonformen gibt es in allen Varianten – was wir hier brauchen, ist eine Gummibärchen-Form. Sie ist ein geniales Hilfsmittel, absolut problemlos, solange man auf zwei Dinge achtet. Erstens: Spül die Form mit kaltem Wasser aus, bevor du sie verwendest. Und zweitens: Geduld! Bevor du den Inhalt aus der Form nimmst, musst du warten, bis er vollständig ausgekühlt ist. Nur dann klebt nichts.

Sparschäler: Gemüse kann man mit dem Messer schälen, aber das ist a) gefährlich und b) geht dabei meist das halbe Gemüse mit einer zu dick abgetragenen Schale flöten. Deshalb verwendet man den Sparschäler, dessen Klinge nicht nur flexibel ist, sondern auch von einem Abstandshalter begleitet wird. Dieser sorgt dafür, dass nur die äußerste Schale abgeschält wird. Mehr nicht.

Spätzlehobel: Für dieses Gerät musst du zwei Teile suchen. Der erste ist der Hobel, ein Blech mit vielen Löchern, einem Henkel und einer Schiene. In diese Schiene wird als zweiter Teil der Trichter eingeschoben, ein quadratischer Blechkranz, in den der Spätzleteig gefüllt wird. Danach musst du den Trichter nur noch hin- und herbewegen, dann fallen Teigkleckse als Spätzle ins heiße Wasser. Weil das übrigens dampft und spritzt, können auch hier → Ofenhandschuhe nicht schaden.

Spritzbeutel: Wer Cremes oder Schlagsahne hübsch anrichten oder eine Torte dekorieren möchte, braucht einen Spritzbeutel. Der besteht aus einer spitz zulaufenden Tüte und einer Tülle, die man in die Spitze steckt. Danach füllt man den Beutel bis zur Hälfte, dreht ihn oben zu und drückt die Creme durch die Tülle. Aber Vorsicht: Drückt man wie ein Gewichtheber, richtet man nichts hübsch an. Nur eine Riesensauerei.

Teelöffel: Kleine Mengen werden in Rezepten oft in Teelöffeln, kurz TL, angegeben. Im Gegensatz zum → Esslöffel ist der Teelöffel der kleine in der Besteckschublade, also der, den du normalerweise zum Löffeln deines Desserts brauchst.

Töpfe und Pfannen: Nichts gehört dermaßen zu einer Küche wie Töpfe und Pfannen in verschiedenen Größen. Bei den Pfannen empfehle ich dir beschichtete – einmal, weil darin das Essen weniger leicht anbrennt, vor allem aber, weil nichts einbrennt, was man danach mühsam wieder abschrubben muss. Ein Tipp noch zu den Töpfen: Nimm lieber einen zu großen, damit das Umrühren leicht fällt – und nichts aus dem Topf.

Waffeleisen: Um Waffelteig ausbacken zu können, braucht es ein Waffeleisen, das aus zwei heißen Metallplatten besteht. Auf die untere wird der Teig gegossen, die obere wird wie ein Deckel darüber geschlossen. Weil die Platten sehr, sehr heiß werden, rate ich dir, a) das Waffeleisen nur zu bedienen, wenn dein Vater oder deine Mutter dabei ist. Und b): immer → Ofenhandschuhe tragen!

Bevor wir loslegen …

Weißt du, wann Kochen am meisten Spaß macht? Wenn du der Chef bist – also nicht nur die Drecksarbeit machst, sondern das Kommando hast. Du entscheidest also, was gekocht wird, du kaufst ein, du planst, du kochst und natürlich: Du isst – aber am besten nicht allein!

Was soll's geben?

Fangen wir ganz vorn an: Was soll's denn zu essen geben? Allein in diesem Buch findest du einen Haufen Rezepte, es ist also gar nicht leicht, etwas Passendes zu finden. Mit drei Fragen gelingt's trotzdem.

1. **Worauf habe ich Lust?** Soll's etwas Süßes sein oder doch etwas Salziges? Fleisch oder vegetarisch? Etwas Kleines oder eine Hauptspeise für die ganze Familie? Apropos Familie: Frag auch, worauf deine Eltern und/oder Geschwister Lust hätten. Aber nur, wenn sie brav waren …
2. **Wie viel Zeit habe ich?** Will ich etwas schwuppdiwupp auf den Tisch zaubern oder mir Zeit nehmen? Die Frage ist wichtig. Durch die Küche hetzen zu müssen, weil man spät dran ist, macht

nämlich gar keinen Spaß. Und meistens schmeckt das Essen dann auch nicht.

3. **Gibt's einen besonderen Anlass?** Ein einfaches Mittagessen schaut anders aus als das Essen zum Muttertag oder zu Papas Geburtstag, oder? Eben! Auch das solltest du dir kurz überlegen.

Eins, zwei, drei: shoppen!

Gut, im besten Fall weißt du jetzt, was du kochen willst. Dann können wir uns die Liste der Zutaten anschauen und mit dem abgleichen, was Kühl- und Vorratsschrank hergeben. Das spart Zeit und Geld und trägt dazu bei, dass keine Lebensmittel in einer dunklen Ecke der Küche verrotten.

Was Mama und Papa nicht auf Lager haben, müssen wir einkaufen. Das wäre für die große Küche meines Restaurants schwierig, wenn ich nicht zuverlässige Lieferanten hätte. Für mich persönlich kaufe ich dagegen am liebsten in kleinen Läden ein. Wenn ich Fleisch brauche, gehe ich etwa zu meinem Metzger. Mit dem kann ich über Fleisch und Wurst quatschen und er verrät mir auch, woher das Fleisch kommt. So kann ich entscheiden, ob ich Lammkoteletts aus Neuseeland will, die in einem stinkenden Schiff um den Globus geschippert sind, oder doch jene vom Bauernhof unseres Nachbarn.

Grundsätzlich bin ich ein Fan kurzer Transportwege, weil so nicht nur weniger Dreck und Abgase produziert werden, sondern auch die Frische stimmt. Denn eines gilt in der Küche immer: Nur aus frischen Zutaten kann man etwas wirklich Leckeres zaubern. Das gilt fürs Fleisch genauso wie für Milchprodukte, die ich deshalb beim Sterzinger Milchhof bei mir um die Ecke kaufe. Und für Obst und Gemüse ohnehin.

Noch etwas, was mit Frische zu tun hat – aber nicht nur damit. Wenn du wirklich Spaß am Kochen und Essen haben willst, lass die vielen Fertiggerichte am besten im Supermarktregal liegen. Dort sind die mit viel zu viel Salz und jeder Menge künstlicher Farb- und Aromastoffe gedopten Produkte am besten aufgehoben.

FRISCHEEXPERTEN

Wie erkennst du, ob Obst und Gemüse frisch sind? Mit Auge und Hand! Mit dem Auge prüfst du die Farbe, schaust, ob es dunkle Stellen oder verschrumpelte Haut gibt. Die fühlst du auch mit den Händen, mit denen du zudem prüfen kannst, ob sich die Zucchini, Peperoni, Karotten oder Melanzane weich und matschig anfühlen. Dann gilt: Hände weg! Frisches Obst und Gemüse ist fest und knackig. Nur dann schmeckt es auch.

RESTERAMPE

Bleibt beim Kochen etwas übrig, ist das noch lange kein Grund, die Mülltonne zu öffnen. Aus Gemüseresten lässt sich etwa eine leckere Quiche (eine Art Gemüsekuchen; man sagt dazu „Kisch") zaubern. Dafür reichen ein Fertig-Blätterteig (von dem es im Supermarkt durchaus gute gibt), Eier und etwas Sahne. Eine super Resterampe ist auch die Pizza. Für den Teig verwendest du am besten heimisches Mehl und dann kannst du sie mit allem belegen, was du gerade im Überfluss hast: Gemüse, Käse, Wurst, Thunfisch. Bleibt Fleisch zurück, bietet sich ein Geschnetzeltes an. In Streifen schneiden, Zwiebel dazu, mit Salz, Pfeffer und Peperoni würzen – mehr braucht es nicht.

IMMER DIESE DATEN …

Auf Lebensmittelverpackungen findest du immer ein Datum. Bei schnell verderblichen Lebensmitteln ist es das Verfallsdatum, nach dem das Lebensmittel nicht mehr gegessen werden sollte. Anders bei länger haltbarer Ware: Da gibt das Datum die Mindesthaltbarkeit an, also den Tag, bis zu dem das Lebensmittel sicher o. k. ist. Und danach ist das Lebensmittel dann verdorben? Nicht unbedingt! Einfach daran riechen, dann weiß man in neun von zehn Fällen, ob man besser die Finger davon lässt. Beim zehnten – wenn man also unsicher ist – kann man vorsichtig kosten.

SÜSSSALZIG

In fast allen süßen Rezepten braucht's eine Prise Salz. Passt das überhaupt zusammen? Und wie! Das Salz kurbelt die Geschmacksknospen auf der Zunge an, Süßes schmeckt intensiver, aromatischer und – ja genau! – süßer. Vom Salzgeschmack selbst bleibt nichts mehr übrig. Vertrau mir!

Ran an die Töpfe!

Rezept auswählen: Check
Küche nach Zutaten absuchen: Check
Fehlende Zutaten einkaufen: Check
Endlich in der Küche loslegen: yes!

Alles, was jetzt kommt, ist Kochen vom Feinsten: schneiden, wiegen, rühren, brutzeln. Zuerst müssen wir aber noch einmal das Rezept zur Hand nehmen. Am besten, du liest es einmal von vorne bis hinten durch, dann weißt du ganz genau, was auf dich zukommt. Und solltest du etwas nicht gleich verstehen, kannst du noch schnell Mama oder Papa fragen, bevor du in der Hitze des Topfgefechts keine Zeit mehr dafür hast.

MIES ON PLAS

Wenn du Erwachsene beeindrucken willst, merk dir den Ausdruck „mise en place" (das spricht man ungefähr „mies on plas" aus). Ihn verwenden Köche, wenn sie ihren Arbeitsplatz vorbereiten und er bedeutet sehr frei aus dem Französischen übersetzt: Ich möchte nicht während des Kochens herumrennen wie ein aufgeschrecktes Huhn, weil ich etwas nicht finde, was ich unbedingt brauche.

Im nächsten Schritt bereiten wir alles vor, was wir zum Kochen des ausgewählten Gerichts brauchen. Ich fange meist damit an, Schneidebrett und Messer bereitzulegen. Dann wasche ich alle Zutaten, wiege die Mengen ab, schäle Obst und Gemüse, schneide die Zutaten und stelle sie in Griffweite bereit. Danach musst du nur noch Schritt für Schritt dem folgen, was ich im Rezept erkläre, und kannst eigentlich nichts falsch machen. Außer, du liest das Rezept von unten nach oben.

GELB HIER, WEISS DA

Eier zu trennen, also das Eigelb vom Eiweiß, ist eine knifflige Sache. Am besten, du schlägst das Ei quer an der Kante einer Glasschüssel auf. Hau ruhig mit Bums drauf, damit die Schale einen Riss bekommt. Diesen kannst du mit den Fingerspitzen noch verlängern, bis sich das Ei in zwei Hälften teilen lässt. Nun leerst du das Eigelb von einer Schalenhälfte in die andere, das Eiweiß fließt daneben ab. Einfach so oft wiederholen, bis nur das Eigelb zurückbleibt.

Einmal durch den Sicherheitscheck

Kochen macht Spaß, keine Frage. Es kann aber auch ein bisschen heikel sein, weil man mit heißen und scharfen Sachen hantiert. Und wir sind uns einig, dass wir weder auf Brandblasen noch auf Schnittwunden stehen, oder? Deshalb hier ein paar Sicherheitshinweise.

TM
FEUERSTEI

Vorsicht, heiß!
Gekocht wird mit Hitze, deshalb Töpfe, Pfannen und Deckel nur an den Henkeln anfassen! Muss man heißes Wasser abgießen, wickelt man am besten ein Tuch um beide Hände, weil dabei heißer Dampf aufsteigt. Und holst du ein Blech aus dem Backofen, zieh vorher Ofenhandschuhe über. Immer!

Scharfe Klingen 1: Klein anfangen!
Damit man Zutaten zurechtschneiden kann, sind scharfe Messer gefragt. Und die sind der Horror aller Eltern, glaub mir. Was können wir also tun, um Mama und Papa zu beruhigen? Übe das Schneiden in der Küche mit einem kleinen Messer. Das ist leichter zu handhaben und deshalb weniger gefährlich.

Scharfe Klingen 2: Zeig deine Krallen!
Es gibt ja in der Regel eine Hand, die das Messer hält, und eine, die die Zutat hält, die geschnitten werden soll. Vor allem die Finger dieser zweiten Hand laufen Gefahr, dem Messer in die Quere zu kommen. Um genau diese Finger vor Schnittverletzungen zu schützen, nutzt man am besten den Krallengriff. Dafür krümmt man die Finger nach innen, der Daumen wird hinter die gekrümmten Finger gelegt. Was man aufschneiden will, wird mit den Fingerspitzen festgehalten, das Messer gleitet notfalls an den Fingernägeln ab. Verstanden? Eher weniger, oder? Hier ein Trick, wie der Krallengriff gelingt: Stell dir einfach vor, du willst mit den Fingern über die Tischplatte kratzen. Genau das ist der Krallengriff!

Runter mit der Schale!
Gemüse schält man am besten nicht mit dem Messer, sondern mit dem Sparschäler. Der ist wesentlich sicherer. Um zu vermeiden, dass du dir mit dem Schäler in die Finger schneidest, legst du das Gemüse flach auf die Hand. Noch ein Tipp:

Lass dir beim Schälen Zeit. Ich glaube nicht, dass es einen Kartoffelschäl-Weltrekord gibt, den du brechen müsstest ...

- **Reibereien**
  Für so manches Gericht musst du Käse reiben. Damit du dir dabei nicht die Fingerkuppen weghobelst, bitte den Käse immer an der Rinde fassen, langsam reiben und nicht übermäßig drücken. Käse gehört zu den Typen, die schon bei sanftem Druck nachgeben.

So, jetzt weißt du alles, um sicher und mit viel Spaß in der Küche werkeln zu können. Nur eines noch: Es ist in den meisten Küchen ungeschriebenes Gesetz, dass der, der kocht, nicht auch noch den Abwasch macht. Gute Nachricht, oder?

Fünf Tipps für deine Eltern

Wenn ich mit Kindern koche, kommen sie danach meist strahlend aus der Küche und die erste Frage der Eltern ist dann: „Wie haben Sie das nur geschafft?" Hier verrate ich Ihnen ein paar meiner Tricks:

1. Kochen ist nur cool, wenn man es nicht als lästige Pflicht verkauft. Die Wörter „du musst ..." sollte man deshalb aus dem Vokabular streichen und durch „jetzt darfst du ..." oder „Was willst du als Nächstes tun?" ersetzen.

2. Keine Angst vor Unordnung und Chaos! Die sind – kochen Ihre Kinder zum ersten Mal – vorprogrammiert und kein Beinbruch. Wenn man's als Teil der Aufgaben der kleinen Chefköche verkauft, macht das gemeinsame Aufräumen danach sogar Spaß.

3. Beziehen Sie Ihre Kinder auch im normalen Alltag von A bis Z ins Kochen ein. Was sollen wir heute kochen? Begleitest du mich zum Einkaufen? Kannst du die Kartoffeln schälen? Rührst du das bitte um? So macht man aus minderjährigen Hilfskräften Partner.

4. Seien Sie auch in der Küche keine Helikoptereltern! Es genügt, wenn Sie Ihr Kind auf die Gefahren aufmerksam machen, sie beim Werkeln in der Küche beobachten und ihnen ein paar Tricks zeigen. Glauben Sie mir: So schnell wie ein Kind lernt keiner.

5. Zelebrieren Sie das Kochen, ziehen Sie es als Highlight auf und genießen Sie die gemeinsame Zeit als Familie. Beim Kochen hat man Zeit, sich auszutauschen, und glauben Sie mir: Wer Gemüse schneidet, hat keine Hand frei, um auf dem Handy herumzuspielen.

Unsere

Lieblingsspeisen

Kinder-Carbonara

2 PERSONEN

20 MINUTEN

LEICHT

Zutaten

1 **Zucchini**

4 Scheiben **gekochter Schinken**

2 EL **Pflanzenöl**

250 ml **Wasser** oder Rindsbrühe

150 g **Pipette rigate** oder andere kleine Nudeln

5 EL **Frischkäse**

2 EL **gehackte Petersilie**

1

Wasche die Zucchini, schneide die Enden ab und schneide die Zucchini in mundgerechte Stücke.

2

Schneide den Schinken in Streifen.

3

Erhitze das Pflanzenöl in einem Topf. Gib den Schinken und die Zucchini dazu und röste alles kurz an.

4

Gieß so viel Wasser oder Brühe dazu, dass Zucchini und Schinken bedeckt sind, und lasse das Ganze etwa **5 Minuten** köcheln.

5

Koche die Nudeln nach Packungsanleitung in Salzwasser.

6

Gieße die Nudeln in ein Sieb ab und gib sie in den Topf mit der Zucchini-Schinken-Soße.

7

Gib ebenfalls den Frischkäse dazu und vermenge alles. Wenn es dir zu fest oder trocken vorkommt, kannst du noch etwas Wasser oder Brühe dazugeben.

8

Streue die gehackte Petersilie über die Nudeln und richte alles an.

Spaghetti mit Tomatenpesto und Burrata

4 PERSONEN

20 MINUTEN

LEICHT

Zutaten

FÜR DAS PESTO

120 g **getrocknete Tomaten** (das Öl gut abtropfen lassen)
60 g **Pinienkerne**
100 g **Olivenöl**
18 g **Basilikumblätter**
60 g **geriebener Parmesan**
30 g **Tomatenmark**
1 **Knoblauchzehe**
½ TL **Zucker**
Pfeffer

AUSSERDEM

400 g **Spaghetti** oder andere Nudeln deiner Wahl
2 Stück **Burrata**
12 schöne **Basilikumblätter**

Gib alle Zutaten für das Pesto in einen Mixer und mixe es so lange, bis es eine schöne Paste ist.

Fülle das Pesto in eine Schüssel ab und stelle es beiseite.

Koche die Spaghetti oder die Nudeln nach Packungsanleitung in kochendem Salzwasser. Gieße die Nudeln ab und vermische sie in einem Topf mit deinem hausgemachten Tomatenpesto. Schwenke alles gut durch und wenn die Nudeln zu trocken sind, gib einfach einen Schuss Olivenöl dazu.

Schneide die Burrata jeweils in zwei gleich große Stücke. Verteile deine Nudeln auf vier Teller und lege jeweils ein Stück Burrata auf die Nudeln. Garniere zu guter Letzt jeden Teller mit 3 Basilikumblättern.

TIPP

Du kannst das Pesto auch in Gläser mit Schraubverschluss abfüllen, dann hält es im Kühlschrank für einige Wochen.

Kürbislasagne

4 PERSONEN

1 STUNDE 10 MINUTEN

SCHWER

Zutaten

700 g **Kürbis** (Hokkaido- oder Muskatkürbis)
1 kleine **Zwiebel** oder 2 Schalotten
1 **Knoblauchzehe**
4 EL **Olivenöl**
300 ml **Gemüsebrühe**
500 g **Tomaten aus der Dose**, fein passiert
Salz
Pfeffer
¼ TL **Zimt**
1 EL **frisch gehackter Thymian**

FÜR DIE BÉCHAMELSOSSE
(man sagt dazu „Béschamell")
1 gehäufter EL **Butter**
1 gehäufter EL **Mehl**
450 ml **Milch**
½ TL **frisch geriebene Muskatnuss**
400 g **geriebener Parmesan** oder anderer Käse nach Wunsch
250 g **Lasagneblätter** (ohne Vorkochen)
2 EL **Butter** für die Auflaufform

Wasche den Kürbis und trockne ihn mit einem Tuch gut ab.

Lass dir beim Schälen und Entkernen von deinen Eltern helfen.

Schneide das Kürbisfleisch zuerst in Streifen ...

... und dann in 5 mm große Würfel.

Schäle die Zwiebel und die Knoblauchzehe und schneide beides in feine Würfel.

Erhitze Olivenöl in einer Pfanne und brate die Kürbis- und Zwiebelwürfel darin **5 Minuten** bei schwacher Hitze an.

Gib den Knoblauch dazu und brate ihn **2 Minuten** mit. Lösche nun alles mit der Hälfte der Brühe ab und lasse es kurz aufkochen.

... WEITER GEHT'S AUF SEITE 34

Gib die passierten Tomaten dazu und lasse es noch einmal aufkochen. Schalte dann auf mittlere Hitze zurück und lasse die Kürbissoße **12 Minuten** köcheln.

Schmecke nach der Kochzeit alles gut mit Salz, Pfeffer, Zimt und Thymian ab.

Für die Béchamelsoße erhitze den Butter leicht in einem kleinen Topf und dünste das Mehl kurz darin an.

Gieße die kalte Milch und die übrige Brühe dazu, lasse alles kurz aufkochen und dann bei mittlerer Hitze **16 Minuten** köcheln. Rühre dabei ständig um, damit die Soße nicht anbrennt!

Nimm die Béchamelsoße vom Herd und gib Muskatnuss und die Hälfte vom Parmesan dazu.

Heize den Backofen auf **200 Grad** ☐ vor. Fette eine Auflaufform mit Butter ein und bedecke den Boden mit einer dünnen Schicht Béchamelsoße.

14

Verteile die Lasagneblätter und dann die Kürbissoße darauf. Schichte immer abwechselnd weiter, bis der Inhalt bis 1 cm unter den Rand der Auflaufform reicht. Die letzte Schicht sollte mit Béchamelsoße abschließen.

15

Bestreue das Ganze noch mit dem restlichen Parmesan und gib die Lasagne in den heißen Ofen. Backe sie **30 Minuten.**

16

Bitte einen Elternteil, die fertige Lasagne aus dem Ofen zu holen. Lasse sie **2 Minuten** auskühlen.

TIPP

Wenn du möchtest, kannst du auch Mozzarella zwischen die Schichten legen.

Nudelauflauf

4 PERSONEN

30–35 MINUTEN

LEICHT

Zutaten

500 g **Nudeln** (z. B. Cavatelli, Pipette oder Penne)
2 EL **Butter**
1 kleine **Zwiebel**
200 g **Prager Schinken**
400 ml **Sahne**
2 **Eier**
1 Prise **geriebene Muskatnuss**
Salz und **Pfeffer**
80 g **geriebener Parmesan**
80 g **Mini-Mozzarellakugeln**

1

Heize den Ofen auf **210 Grad** ⊛ vor und stelle eine ofenfeste Auflaufform bereit.

2

Fette die Auflaufform gut mit Butter ein.

3

Koche die von dir ausgesuchten Nudeln nach Packungsanweisung bissfest. Gieße sie dann in ein Sieb ab und gib sie in eine Schüssel.

4

Schäle die Zwiebel und schneide sie in feine Würfel.

5

Schneide auch den Schinken in Würfel.

6

Vermische Zwiebel und Schinken mit den Nudeln.

... WEITER GEHT'S AUF SEITE 38

7

Gib die Mischung in die Auflaufform.

8

Verrühre in einer Schüssel Sahne, Eier sowie Muskatnuss und würze mit Salz und Pfeffer.

9

Übergieße die Nudeln mit der Eier-Sahne.

10

Bestreue den Auflauf gleichmäßig mit Parmesan.

11

Verteile dann die Mozzarella-Kugeln darauf.

12

Überbacke den Nudelauflauf **25 Minuten** im heißen Ofen, bis der Käse schön goldbraun ist. Bitte einen Elternteil, den Nudelauflauf aus dem Ofen zu holen. Lasse ihn mindestens **3 Minuten** auskühlen, bevor du ihn servierst.

TIPP

Wenn du möchtest, kannst du zusätzlich Mais aus der Dose, Tiefkühl-Erbsen oder anderes Gemüse unter die Nudeln mischen, bevor sie in den Ofen kommen.

Blitz-Tortellini mit Schinken und Sahne

4 PERSONEN

20 MINUTEN

LEICHT

Zutaten

- 200 g **Schinken**
- 2 EL **Butter**
- 250 ml **Sahne**
- 500 g **Tortellini**
- 160 g **geriebener Parmesan**
- ½ TL **geriebene Muskatnuss**
- ½ TL **Salz**
- 1 Prise **Pfeffer**

1

Schneide den Schinken in Streifen.

2

Lasse die Butter in einem Topf schmelzen.

3

Gib den Schinken zur geschmolzenen Butter und brate ihn kurz an.

4

Gieße die Sahne an und lasse alles **5 Minuten** köcheln.

5

Würze mit Salz, Pfeffer und Muskat.

6

Koche die Tortellini nach Packungsanweisung in Salzwasser.

7

Siebe die Tortellini ab und gib sie in die Schinken-Sahne-Soße.

8

Rühre den geriebenen Parmesan unter und genieße deine Blitz-Tortellini!

TIPP

Wenn du möchtest, kannst du deine Tortellini mit frischen Basilikumblättern garnieren.

Farfalle al pesto

4 PERSONEN

15 MINUTEN

LEICHT

Zutaten

60 g frisches **Basilikum**
1 **Knoblauchzehe**
150 ml **Olivenöl**
10 g **Pinienkerne**
10 g **Mandeln**
1 Prise **Salz**
1 Prise **Pfeffer**
50 g **geriebener Parmesan**
500 g **Farfalle** oder andere Nudeln

Wasche das Basilikum und lege es kurz auf ein sauberes Küchentuch zum Trocknen.

Zupfe die Basilikumblätter von den dicken Stielen.

Schäle die Knoblauchzehe und schneide sie in Stückchen. Gib sie mit den Basilikumblättern, dem Olivenöl, den Pinienkernen, den Mandeln sowie Salz und Pfeffer in einen hohen Mixbecher. Püriere die Mischung für maximal **3 Minuten.** Achtung: Mixe nicht zu lange, sonst wird das Pesto bitter und die Farbe wird dunkel!

Fülle das Pesto in eine Schüssel um und gib den geriebenen Parmesan dazu.

Verrühre alles zu einer cremigen Paste.

Koche die Farfalle nach Packungsanleitung und siebe sie ab.

Gib die Nudeln zurück in den Topf und füge das Pesto hinzu.

Vermische die Farfalle mit dem Pesto.

Gnocchi mit Pilzen und Sahnesoße

2 PORTIONEN

25 MINUTEN

MITTEL

Zutaten

6 **Champignons**
1 **Zwiebel**
1 EL **Pflanzenöl**
250 ml **Sahne**
Salz und **Pfeffer**
300 g **Gnocchi**
3 EL **geriebener Parmesan**

1

Putze die Champignons mit einem feuchten Tuch ab.

2

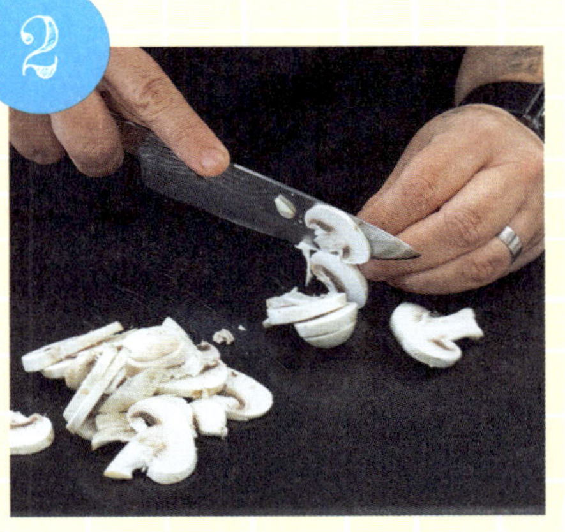

Schneide sie dann in feine Scheiben.

3

Schäle die Zwiebel und schneide sie in kleine Würfel.

4

Erhitze das Pflanzenöl in einer Pfanne und brate die Zwiebel darin **4 Minuten** an.

5

Gib dann die Pilze dazu und brate alles für weitere **2 Minuten.**

6

Gieße die Sahne dazu und lasse alles etwa **5 Minuten** einkochen. Würze die Soße mit Salz und Pfeffer.

7

Koche die Gnocchi nach Packungsanweisung.

8

Gieße die Gnocchi ab und vermische sie mit der Soße. Rühre zuletzt den Parmesan unter.

Cheeseburger-Muffins

sprich „Tschiesbörger-Maffins“

12 STÜCK

35–40 MINUTEN

LEICHT

Zutaten

1 kleine **Zwiebel** oder
2 Schalotten
2 EL **Pflanzenöl**
600 g **Hackfleisch**
3 EL **Tomatenmark**
2 EL **Ketchup**
6 **Schmelzkäsescheiben**
6 **Aufbackbrötchen**
2 große **Salatblätter**
2 **Gewürzgurken**

1

Heize den Backofen auf **180 Grad** vor. Fette die Muffinform mit etwas Butter aus oder lege sie mit Papierförmchen aus.

2

Schäle die Zwiebel und hacke sie fein.

3

Erhitze das Pflanzenöl in einer Pfanne und brate darin das Hackfleisch mit der Zwiebel **5 Minuten** an. Zerdrücke das Hackfleisch dabei immer wieder mit einem Kochlöffel, sodass es krümelig wird.

4

Gib das Tomatenmark und 1 EL Ketchup dazu und brate das Fleisch weitere **5 Minuten.**

5

Zerreiße die Schmelzkäsescheiben, füge sie hinzu und rühre alles um, sodass der Käse schmilzt und Fäden zieht.

6

Reiße die rohen Aufbackbrötchen in Stücke und rolle sie aus.

... WEITER GEHT'S AUF SEITE 50

7

Kleide damit die Muffinförmchen aus: Aus einem halben Brötchen wird 1 Muffin.

8

Gib in jeden Muffin einen Löffel Hackfleischfüllung. Backe die Muffins **15 Minuten** im Ofen.

9

Zerzupfe währenddessen den Salat, schneide die Gewürzgurken in Scheiben und die restlichen Käsescheiben in kleine Stücke.

10

Bitte einen Elternteil, die Muffins aus dem Ofen zu holen und lasse sie **1 Minute** auskühlen. Gib dann jeweils einen Klecks Ketchup darauf.

11

Belege sie jeweils mit einem Stück Käse, einem Stück Salatblatt und einer Scheibe Gewürzgurke.

Kinderpizza

12 STÜCK

20–25 MINUTEN

LEICHT

Zutaten

100 g **Ricotta**
4 EL **Olivenöl**
170 g **Vollkornmehl**
1½ TL **Backpulver**
1 Prise **Salz**
Öl für das Backblech
2 EL **Tomatenmark**
250 g **Mozzarella**
1 TL **getrockneter Oregano**
nach Wunsch: **Thunfisch aus der Dose, Gemüse, Mais, Schinken, Champignons usw.**

1

Heize den Backofen auf **180 Grad** vor. Verrühre den Ricotta in einer Schüssel mit dem Olivenöl.

2

Vermische in einer zweiten Schüssel das Mehl mit dem Backpulver und dem Salz.

3

Gib die Mehlmischung zum Ricotta und verknete mit den Händen alles zu einem Teig.

4

Rolle aus dem Teig 12 Kugeln.

5

Forme jeweils eine Kugel zu einer Mini-Pizza. Lege die Mini-Pizzas auf ein leicht eingeöltes Backblech.

6

Bestreiche die Pizzas mit etwas Tomatenmark.

7

Lasse den Mozzarella abtropfen und schneide ihn in kleine Würfel. Verteile diese schön gleichmäßig auf dem Tomatenmark.

8

Belege die Pizzas nach Lust und Laune und bestreue sie zum Schluss mit etwas Oregano. Gib sie in den Backofen und backe sie **12 Minuten.**

Pizzarolle Hawaii

4 PERSONEN
40 MINUTEN
LEICHT

Zutaten

1 Rolle **Blätterteig** (aus dem Kühlregal)
100 g **gekochter Schinken**
4 Scheiben **Ananas aus der Dose** (abgetropft)
100 g **Tomatensoße**
120 g **geriebener Mozzarella**
1 TL **getrockneter Oregano**

1

Heize den Backofen auf **200 Grad** vor. Rolle den Blätterteig vorsichtig aus und lasse ihn kurz ruhen.

2

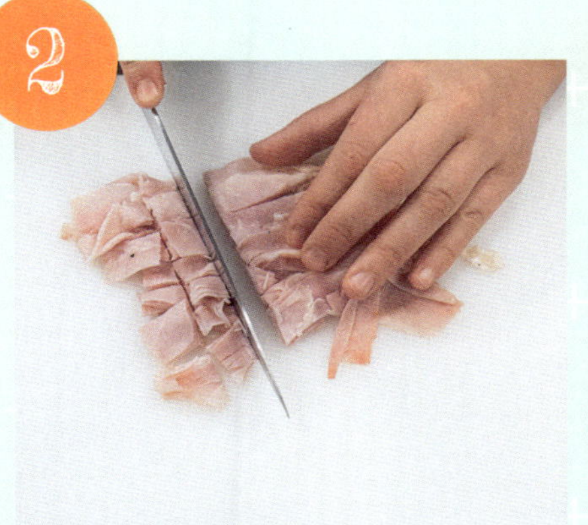

Schneide den Schinken in mundgerechte Stücke.

3

Schneide die Ananas in mundgerechte Stücke.

4

Verteile die Tomatensoße mit einem Löffel gleichmäßig auf dem Blätterteig.

5

Belege ihn mit Schinken und Ananas und bestreue alles mit Mozzarella und Oregano.

6

Rolle den Blätterteig von der langen Seite vorsichtig zusammen und gib ihn **10 Minuten** ins Gefrierfach.

7

Schneide die Rolle dann in 2 cm dicke Scheiben.

8

Lege die Scheiben auf das Blech, schiebe das Backblech in den Ofen und backe die Schnecken etwa **15 Minuten.**

Toast mit Spiegelei und Speck

4 PERSONEN

15–20 MINUTEN

LEICHT

Zutaten

8 Scheiben **Vollkorntoastbrot**
8 Scheiben **Speck**
8 Scheiben **Emmentaler** oder anderer Käse nach Wunsch
4 **Eier**

1

Heize den Backofen auf **200 Grad** ☐ vor. Belege das Backblech mit Backpapier.

2

Verteile die Hälfte der Toastbrotscheiben auf dem Blech.

3

Belege jede Toastscheibe mit 1 Scheibe Käse.

4

Lege pro Toast 2 Scheiben Speck darauf.

5

Stich mit einem runden oder eckigen Ausstecher die Mitte der übrigen Toastscheiben aus. Lass genügend Rand, damit der Toast danach nicht zu krokant wird.

6

Lege die Deckel mit Loch auf die belegten Toastscheiben.

7

Schlage ganz vorsichtig die Eier über den Toasts auf und lass sie in die Mulde gleiten.

8

Backe die Toasts **10 Minuten** im Ofen.

Vegetarische Wraps

sprich „Reps“

4 PERSONEN

25 MINUTEN

LEICHT

Zutaten

250 g **Mozzarella**
4 **Tomaten**
6 **Basilikumblätter**
120 g **Rucola**
4 EL **Frischkäse**
4 EL **grünes Pesto**
4 **Wraps** (Fertigprodukt)
2 EL **Balsamico-Creme**

1

Packe den Mozzarella aus, lasse ihn abtropfen und schneide ihn in Würfel.

2

Wasche die Tomaten, entferne den Strunk und schneide das Fruchtfleisch in Würfel.

3

Wasche das Basilikum und schneide es in dünne Streifen.

4

Wasche den Rucola ebenfalls, tupfe ihn mit einem Küchentuch trocken und zupfe ihn grob in Stücke.

5

Vermische in einer kleinen Schüssel den Frischkäse mit dem Pesto.

6

Stelle eine Pfanne bei mittlerer Hitze auf den Herd, gib einen Wrap in die Pfanne und erwärme ihn von beiden Seiten.

7

Nimm den Wrap aus der Pfanne und bestreiche ihn mit dem Frischkäse-Pesto.

... WEITER GEHT'S AUF SEITE 64

8

Belege ihn auf der einen Seite mit Mozzarella, Tomaten, Basilikumstreifen und Rucola. Wiederhole den Vorgang mit den anderen drei Wraps.

9

Rolle die Wraps ein. Dafür schlage erst zwei Seiten nach innen ein.

10

Klappe den Rand der gefüllten Seite über.

11

Rolle dann den Wrap von dieser Seite zusammen.

12

So erhältst du einen geschlossenen Wrap.

13

Schneide die Wraps einmal in der Mitte durch und beträufle sie leicht mit der Balsamico-Creme – das perfekte schnelle und gesunde Streetfood, das man sogar auch noch kalt zur Jause mitnehmen kann.

TIPP

Du kannst die Balsamico-Creme natürlich auch weglassen.

Kids-Hamburger

4 PERSONEN

40 MINUTEN

MITTEL

Zutaten

1 alte **Semmel**
1 Schuss **Milch**
½ **Zwiebel,** in kleine Würfel geschnitten
1 TL **Salz**
1 Prise **Pfeffer**
2 EL **Sojasoße**
500 g **Rindshackfleisch**
2 EL **Pflanzenöl**
4 **Hamburger-Brötchen**
8 Scheiben **Cheddarkäse** oder Schmelzkäsescheiben

Befeuchte die alte Semmel mit der Milch und krümele sie in eine Schüssel.

Gib die gehackte Zwiebel, das Salz, den Pfeffer, die Sojasoße und das Rindshackfleisch in die Schüssel und verknete alles mit den Händen zu einem glatten Teig.

Teile die Masse nun in 4 gleich große Portionen.

Forme daraus Burger-Laibchen.

Erhitze das Pflanzenöl auf mittlerer Stufe in einer Pfanne und brate die Hamburger darin von beiden Seiten etwa **2 Minuten,** bis sie gar sind.

Schneide die Burger-Brötchen auf und erwärme sie ebenfalls in einer Pfanne von beiden Seiten. Nimm die Brötchen dann wieder aus der Pfanne.

... WEITER GEHT'S AUF SEITE 70

Gib nun jeweils 2 Scheiben Käse auf die Hamburger-Laibchen.

Decke die Pfanne mit einem Deckel zu, damit der Käse schön schmilzt.

Lege die überbackenen Laibchen auf die Unterseiten der Brötchen und bedecke sie mit der oberen Brötchenhälfte. Wenn du magst, kannst du die Brötchen natürlich vorher noch mit Tomatenscheiben, Salat oder Zwiebeln belegen.

TIPP

Beim Verarbeiten von Fleisch oder Fisch verwenden Köche immer Frischhaltefolie als Unterlage.

Cordon bleu mit Cornflakes-Kruste

sprich „Kordon blö“ und „Kornflejks“

4 PERSONEN

45 MINUTEN

MITTEL (UNTER AUFSICHT DER ELTERN)

Zutaten

4 **Truthahnschnitzel**
8 Scheiben **Edamer**
8 Scheiben **Schinken** oder Truthahnschinken
Salz und **Pfeffer**
50 g **Mehl**
2 **Eier**
2 EL **Milch**
120 g **Semmelbrösel**
60 g **Cornflakes**
1 l **Frittieröl**

1

Klopfe die Truthahnschnitzel einzeln zwischen zwei Lagen Frischhaltefolie flach.

2

Verteile je 2 Scheiben Käse und 2 Scheiben Schinken auf den Schnitzeln. Würze alles mit Salz und Pfeffer.

3

Rolle die gefüllten Truthahnschnitzel eng zusammen.

4

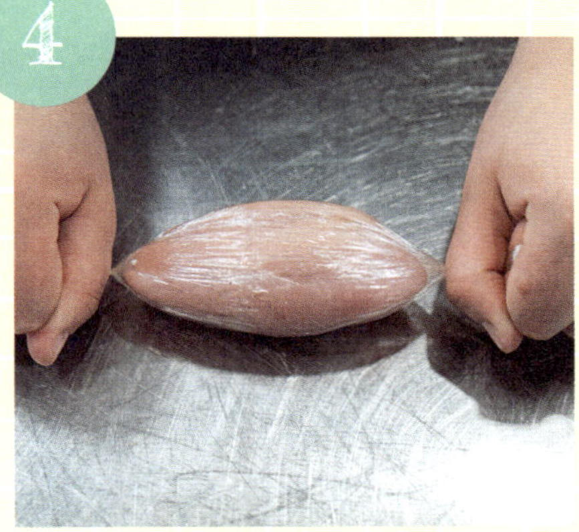

Wickle sie dann einzeln fest in Frischhaltefolie ein und gib sie **30 Minuten** in den Kühlschrank.

5

Bereite 3 Teller zum Panieren vor: Gib in den ersten das Mehl. Verrühre die Eier mit der Milch und gib die Mischung in den zweiten Teller. Zerdrücke die Cornflakes und vermische sie im dritten Teller mit den Semmelbröseln.

6

Wickle die gerollten Truthahnschnitzel aus der Folie und wälze sie zuerst im Mehl, dann in der Milch-Ei-Mischung.

7

Paniere die Schnitzel zuletzt in der Mischung aus Cornflakes und Semmelbröseln.

8

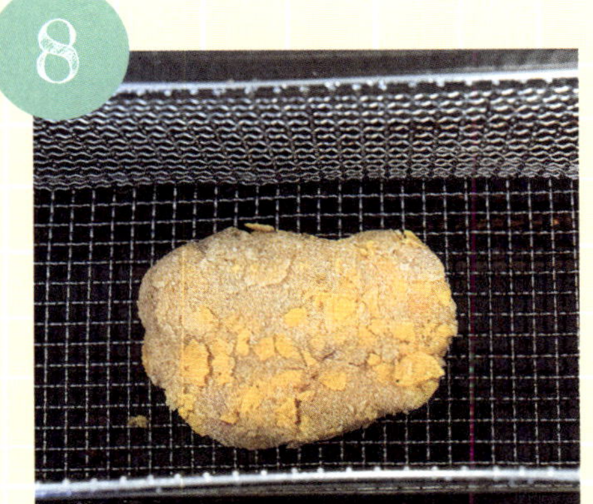

Erhitze in einem Topf das Frittieröl auf **180 Grad**. Hole einen Erwachsenen zu Hilfe und frittiert gemeinsam die Cordon bleus für **8 Minuten** im heißen Fett. Lasse sie anschließend auf Küchenpapier gut abtropfen.

TIPP

Serviere dazu eventuell einen Kartoffelsalat oder Kartoffelspalten (Seite 74) und eine Scheibe Zitrone.

Currywurst mit Kartoffelspalten

4 PERSONEN

1 STUNDE

LEICHT

Zutaten

1 kg **festkochende Kartoffeln**
2 **Knoblauchzehen**
4 EL **Rapsöl**
2 TL **geriebener Parmesan**
2 TL **Paprikapulver**
Salz und **Pfeffer**
500 ml **passierte Tomaten**
2 EL **Honig**
3 EL **Balsamicoessig**
2 EL **Sojasoße**
3 EL **Currypulver**
2 Tropfen **Tabasco**
8 **Bratwürstchen**
Rapsöl zum Anbraten

1

Heize den Ofen auf **200 Grad** ▭ vor. Wasche die Kartoffeln, trockne sie ab, schäle sie und schneide sie längs in Viertel.

2

Schäle die Knoblauchzehen und zerdrücke sie mit einem breiten Messerrücken. Vermische in einer Schüssel den Knoblauch, das Öl, den Parmesan sowie 1 TL Paprikapulver und würze mit Salz und Pfeffer.

3

Gib die geschnittenen Kartoffeln dazu und vermische alles gut.

4

Gib die Kartoffeln auf ein Backblech und schiebe sie für **45 Minuten** in den Backofen. Wende die Kartoffeln immer wieder mal, damit sie gleichmäßig gebacken werden. Lass dir dabei von einem Erwachsenen helfen. Mache inzwischen die Currysoße und die Würstchen.

5

Gib für die Currysoße die passierten Tomaten, Honig, Balsamicoessig, Sojasoße, Currypulver, 1 TL Paprikapulver und Tabasco in einen Topf, verrühre alles und lass die Soße **10 Minuten** köcheln. Würze mit Salz und Pfeffer.

6

Schneide die Bratwürstchen alle 2 cm leicht ein, damit sie beim Anbraten nicht aufplatzen.

... WEITER GEHT'S AUF SEITE 76

7

Erhitze etwas Rapsöl in einer beschichteten Pfanne und brate die Würstchen **6 Minuten** lang an. Wende sie immer wieder, damit sie gleichmäßig durchgebraten werden.

8

Schneide die Bratwürstchen in Scheiben und verteile ein wenig Currysoße darüber. Bestreue sie leicht mit Currypulver und serviere sie mit den Kartoffelspalten.

TIPP

Deine selbst gemachten Kartoffelspalten passen auch perfekt zu Cordon bleu (Seite 72), den knusprigen Hühnerkeulen (Seite 78), den Crispy Chicken Fingers (Seite 84) oder dem gegrillten Lachs aus dem Ofen (Seite 102).

Knusprige Hühnerkeulen

4 PERSONEN

50–60 MINUTEN

LEICHT

Zutaten

4 **Hühnerkeulen**
4 EL **Öl**
2 EL **Paprikapulver**
½ EL **Currypulver**
2 EL **Salz**
4 Zweige **Rosmarin**
½ TL **Tomatenmark**
1 TL **Honig**

1

Heize den Backofen auf **180 Grad** ☐ vor. Wasche die Hühnerkeulen mit kaltem Wasser ab und tupfe sie trocken.

2

Vermische alle anderen Zutaten in einer Schüssel zu einer Paste.

3

Streiche die Keulen mit der Marinade ein.

4

Lege die Hühnerkeulen mit der Hautseite nach oben auf ein Backblech.

5

Gib die Hühnerschenkel in den Ofen und brate sie **45–50 Minuten.** Lass dir beim Herausholen aus dem Ofen von einem Erwachsenen helfen.

TIPP

Zu den knusprigen Hühnerkeulen schmeckt Ofengemüse sehr gut (Seite 80). Ganz toll passen auch die Kartoffelspalten (Seite 74) dazu.

Ofengemüse

4 PERSONEN

40 MINUTEN

LEICHT

Zutaten

1 **Melanzane**
2 gelbe **Peperoni**
3 **Zucchini**
30 **Champignons**
Salz und **Pfeffer**
4 EL **Olivenöl**
2 Zweige **Rosmarin**

1

Heize den Backofen auf **180 Grad** ☐ vor. Wasche das Gemüse. Schneide von Melanzane und Zucchini die Enden ab. Schneide die Melanzane in 4 cm große Stücke.

2

Teile die Peperoni, entferne das Kerngehäuse und schneide die Schoten in dickere Streifen.

3

Schneide auch die Zucchini in etwas dickere Scheiben.

4

Viertle die Champignons.

5

Verteile das Gemüse auf einem Backblech. Schmecke es mit Salz und Pfeffer ab.

6

Beträufle das Gemüse mit Olivenöl, gib die Rosmarinnadeln dazu und mische alles noch mal gut durch.

7

Gib das Gemüse **25 Minuten** in den Ofen und serviere es dann.

TIPP

Ofengemüse ist lecker als Beilage für Fleisch oder Fisch, z. B. die Hühnerkeulen von Seite 78.

Crispy Chicken Fingers

sprich „krispi Tschicken Fingers"

4 PORTIONEN

35 MINUTEN

LEICHT

Zutaten

1 großes **Ei**
2 EL **Mayonnaise**
1 EL **Senf**
2 EL **Mehl**
½ TL **Salz**
1 Prise **Pfeffer**
200 g **Pankobrösel** oder andere Brösel
800 g **Hühnchenfilet**

Heize den Ofen auf **160 Grad** auf. Gib das Ei, die Mayonnaise und den Senf in eine kleine Schüssel.

Füge dann das Mehl hinzu.

Verrühre alles zu einer schönen Marinade. Würze mit Salz und Pfeffer.

Fülle die Pankobrösel ebenfalls in eine Schüssel.

Schneide das Hühnchenfilet in dickere Streifen und wende diese in der Marinade.

Gib sie dann in den Teller mit den Bröseln und paniere sie damit schön gleichmäßig. Du musst die Brösel dabei nicht fest andrücken.

Lege die panierten Filets auf ein Gitter und gib das Gitter auf ein Backblech.

Backe die Hühnchenstücke im Ofen **12–15 Minuten.** Lass dir beim Herausholen aus dem Ofen von einem Erwachsenen helfen. Genieße sie noch warm und am besten mit Zitrone und Ketchup.

TIPP

Panko sind asiatische Brotbrösel, die viel gröber sind als normale, wodurch die Panade besonders knusprig wird. Du kannst sie im Supermarkt kaufen. Natürlich kannst du auch normale Brösel verwenden.

Wikinger-Eintopf

4 PERSONEN

40 MINUTEN

LEICHT

Zutaten

1 **Zwiebel**

1 roter **Peperoni**

500 g **festkochende Kartoffeln**

Pflanzenöl zum Anbraten

2 EL **Tomatenmark**

1 TL **Salz**

1 Prise **Pfeffer**

2 TL **Paprikapulver**

500 ml **Rindsbrühe** oder Gemüsebrühe

2 **Lorbeerblätter**

2 Stängel **Petersilie**

5 **Frankfurter Würstchen**

80 ml **Sahne**

Schäle die Zwiebel und schneide sie klein.

Wasche den Peperoni, entkerne ihn und schneide ihn in Würfel.

Wasche und schäle die Kartoffeln und schneide sie ebenfalls in Würfel.

Erhitze das Pflanzenöl und dünste die Zwiebelwürfel auf mittlerer Hitze für etwa **5 Minuten.**

Gib die Kartoffelwürfel dazu und dünste sie ein paar Minuten mit an.

Gib das Tomatenmark dazu und lasse auch das etwas anrösten. Würze alles mit Salz, Pfeffer und Paprikapulver.

Gieße nun die Brühe dazu und gib die Lorbeerblätter und die Peperoniwürfel in den Topf.

... WEITER GEHT'S AUF SEITE 88

Lasse das Ganze einmal aufkochen, dann lasse es etwa **25 Minuten** im geschlossenen Topf köcheln, bis die Kartoffeln weich sind.

Wasche die Petersilie, zupfe die Blätter von den Stängeln und hacke sie.

Schneide die Würstchen in Scheiben und gib sie in die Suppe.

Füge die Sahne hinzu. Rühre den Eintopf um und erhitze alles noch mal **2 Minuten.**

Richte die Suppe in tiefen Tellern an und bestreue den Eintopf mit der gehackten Petersilie.

TIPP
Wenn du möchtest, kannst du den Eintopf mit frischem Weißbrot anrichten, das passt perfekt dazu!

Rindsgulasch leicht gemacht

4 PERSONEN

3 ½ STUNDEN

MITTEL

Zutaten

4 EL **Pflanzenöl**
600 g **Rindfleisch**
300 g **Zwiebeln,** in kleine Würfel geschnitten
1 EL **Tomatenmark**
1,2 l **Rindsbrühe**
2 **Lorbeerblätter**
2 **Knoblauchzehen**
1 EL **Paprikapulver edelsüß**
1 EL **Paprikapulver rosenscharf**
1 EL frisch gehackter **Majoran**
1 EL **Salz**
½ TL **Pfeffer**

Gib 3 EL Pflanzenöl in einen großen, breiten Topf.

Brate das Fleisch darin rundherum an. Fülle es dann in eine Schüssel um und stelle es beiseite.

Gib noch ein wenig Öl in den Topf, füge die geschnittenen Zwiebeln hinzu und dünste sie **5 Minuten** bei niedriger Hitze an.

Füge das Tomatenmark hinzu und rühre alles kräftig um.

Gib nun das Fleisch zurück in den Topf.

Lösche mit der Rindsbrühe ab und lasse alles **10 Minuten** köcheln.

... WEITER GEHT'S AUF SEITE 92

7

Gib die Lorbeerblätter dazu und lasse alles bei geringer Hitze zugedeckt **3 Stunden** köcheln.

8

Gegen Ende der Kochzeit schäle die Knoblauchzehen, hacke sie klein und gib sie in den Topf.

9

Nimm ein kleines Glas und fülle es bis zur Hälfte mit Wasser. Gib beide Sorten Paprikapulver, Majoran, Salz und Pfeffer dazu und vermische alles gut mit einem Löffel.

10

Rühre die Paprika-Wasser-Mischung in das Gulasch und koche alles noch einmal auf.

11

Und fertig ist dein erstes selbst gekochtes Gulasch. Serviere es am besten mit Butterspatzlen (Seite 94) und gedünsteten Karotten (Seite 98).

Butterspatzlen

4 PORTIONEN

25 MINUTEN

MITTEL

Zutaten

500 g **Mehl**
1 Prise **Salz**
1 Prise **Pfeffer**
1 Prise **geriebene Muskatnuss**
250 ml **Milch**
2 EL **Sahne**
4 **Eier**
1 walnussgroßes Stück **Butter**

1 Vermische das Mehl mit Salz, Pfeffer und Muskatnuss.

2 Gib die Milch und die Sahne dazu.

3 Füge die Eier hinzu.

4 Verrühre alles mit einem Kochlöffel.

5 Rühre so lange, bis der Teig glatt ist.

6 Stelle einen hohen Topf mit Salzwasser auf den Herd und erhitze das Wasser.

7 Wenn das Wasser kocht, nimmst du eine Kelle Teig und hobelst die Spatzlen mit einem Spätzlehobel in das Wasser. Sei dabei sehr vorsichtig oder lass dir von einem Erwachsenen helfen.

... WEITER GEHT'S AUF SEITE 96

Lasse die Spatzlen so lange kochen, bis sie an der Oberfläche schwimmen.

Dann fischst du sie mit einer Lochkelle heraus und gibst sie in eine Schüssel mit kaltem Wasser. Wiederhole den Vorgang, bis du keinen Teig mehr übrig hast.

Nimm dann ein Nudelsieb und gieße die Spatzlen ab.

Lasse die Butter in einer Pfanne schmelzen.

Gib die Spatzlen hinein und erhitze sie in der Butter.

Wenn du magst, schmecke die Spatzlen noch mit Salz und fein geschnittenem Schnittlauch ab.

Gedünstete Karotten

4 PORTIONEN

20 MINUTEN

LEICHT

Zutaten

500 g **Karotten**
1 kleine **Zwiebel**
80 g **Butter**
100 ml **Rindsbrühe** oder Wasser
1 Prise **Salz**
1 Prise **Pfeffer**
1 Prise **geriebene Muskatnuss**

1

Wasche die Karotten unter kaltem Wasser gründlich ab und schäle sie mit einem Sparschäler.

2

Schneide mit einem Messer die Enden ab.

3

Schneide die Karotten in Scheiben von 5 mm.

4

Schäle die Zwiebel und schneide sie vorsichtig in kleine Würfelchen.

5

Nimm eine Pfanne, lasse die Butter bei mittlerer Hitze darin schmelzen und dünste die Zwiebel darin an.

6

Gib die Karotten dazu und brate sie **5 Minuten** an. Rühre währenddessen mit einem Kochlöffel immer wieder um.

7

Gieße die Rindsbrühe dazu und lege einen Deckel auf die Pfanne. Lasse die Karotten **6–8 Minuten** garen.

8

Wenn die Brühe verkocht ist, sind die Karotten fertig. Schmecke sie mit Salz, Pfeffer und Muskatnuss ab.

TM

Gegrillter Lachs aus dem Ofen

4 PORTIONEN

20 MINUTEN

LEICHT

Zutaten

4 Stücke **Lachsfilet** (jeweils 250 g)
4 EL **Olivenöl**
1 **Knoblauchzehe**
Salz und **Pfeffer**

1

Heize den Backofen auf **100 Grad** [Umluft] vor. Wasche die Fischstücke unter kaltem Wasser ab und tupfe sie mit etwas Küchenpapier wieder trocken.

2

Verteile das Olivenöl auf einem Backblech.

3

Schäle den Knoblauch, zerdrücke ihn mit dem Handballen und lege ihn zusammen mit den Lachsstücken auf das Blech.
Salze und pfeffere die Lachsstücke, gib das Blech auf der mittleren Schiene in den Backofen und backe den Lachs darin etwa **6 Minuten.**

4

So sollte der Lachs am Ende aussehen, damit er nicht zu roh oder auch nicht zu trocken wird.

TIPP

Besonders lecker schmeckt der Lachs mit etwas Zitrone beträufelt. Dazu passen die Kartoffelspalten (Seite 74) oder das Ofengemüse (Seite 80).

Garnelen-Gemüse-Pfanne

4 PERSONEN

25 MINUTEN

MITTEL

Zutaten

800 g **Garnelen**
1 kleine **Zwiebel**
2 **Zucchini**
1 roter **Peperoni**
1 gelber **Peperoni**
300 g **Kirschtomaten**
1 **Knoblauchzehe**
5 EL **Sesamöl**
1 **Zitrone**
Salz und **Pfeffer**

Wasche die Garnelen gut unter fließendem Wasser ab und löse sie aus der Schale.

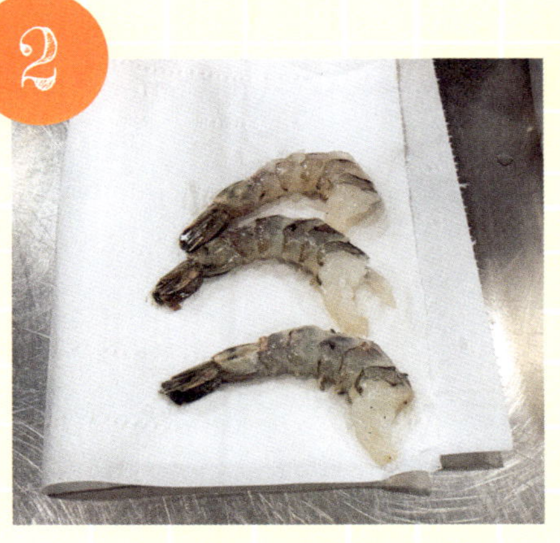

Lasse sie auf Küchenkrepp trocknen.

Schäle die Zwiebel, halbiere sie und schneide sie in kleine Würfel.

Wasche die Zucchini und entferne die Enden. Schneide die Zucchini in Scheiben.

Wasche die Peperoni, halbiere sie und entferne das Kerngehäuse. Schneide sie dann in Streifen.

Wasche die Tomaten und halbiere sie.

Schäle den Knoblauch und hacke ihn ganz fein.

... WEITER GEHT'S AUF SEITE 106

Erhitze 3 EL Sesamöl in einer Pfanne. Brate nun die Zwiebel, die Zucchini und die Peperoni unter Rühren **6 Minuten** an.

Gib das Gemüse auf einen Teller.

Erhitze in der Pfanne erneut 2 EL Sesamöl und brate darin die Garnelen etwa **2 Minuten** an.

Gib das Gemüse und die Tomaten mit dem gehackten Knoblauch zu den Garnelen in die Pfanne, vermische alles und erwärme es für mindestens **1 Minute.**

Wasche die Zitrone und schneide sie in Spalten.

Würze die Garnelen-Gemüse-Pfanne mit Salz und Pfeffer und verteile die Zitrone darauf.

Fischstäbchen

4 PERSONEN

30 MINUTEN

SCHWER

Zutaten

500 g **Wildlachs** ohne Haut
Salz
Pfeffer
3 **Eier**
60 g **Mehl**
300 g **Pankobrösel** (Tipp Seite 85) oder andere Brösel
1 l **Frittieröl**

1

Scheide den Fisch in gleichmäßige Stücke, die die Größe von Fischstäbchen haben. Würze die Fischstücke mit Salz und Pfeffer.

2

Schlage die Eier in einem tiefen Teller auf und verrühre sie gut mit einer Gabel.

3

Gib das Mehl in einen tiefen Teller.

4

Fülle die Brösel ebenfalls in einen tiefen Teller.

5

Wälze die Fischstäbchen zuerst im Mehl.

6

Ziehe die Stücke dann durch das Ei.

7

Wende sie zum Schluss in den Bröseln, sodass sie rundherum gut damit bedeckt sind.

8

Erhitze das Öl in einer Pfanne auf **170 Grad** und frittiere die Fischstäbchen etwa **5 Minuten** darin. Wenn sie schön goldbraun sind, sind sie fertig. Hebe sie mit einer Lochkelle aus dem Öl und lasse sie kurz auf Küchenkrepp abtropfen. Sei dabei sehr vorsichtig und lass dir von einem Erwachsenen helfen.

Kids-Paella

sprich „Kits-Paeja“

4 PERSONEN

50 MINUTEN

MITTEL

Zutaten

100 g **Erbsen** (tiefgekühlt)
1 gelber **Peperoni**
1 **Tomate**
1 kleine **Zwiebel** oder
2 Schalotten
2 **Hühnerbrüste** zu je 250 g
12 **geschälte Garnelen**
5 EL **Rapsöl**
Salz
Pfeffer
1 Briefchen **Safran**
260 g **Rundkornreis**
800 ml **Fleischbrühe**
gehackte **Petersilie**
nach Belieben

Gib die Erbsen in eine Schüssel und stelle sie beiseite.

Wasche und entkerne den Peperoni und schneide ihn in etwa 2 cm große Stücke.

Wasche die Tomate und viertle sie. Entferne das Kerngehäuse und schneide das Fruchtfleisch in Würfel.

Schäle die Zwiebel und schneide sie in kleine Würfelchen.

Wasche die Hühnerbrüste unter kaltem Wasser ab und trockne sie mit einem Stück Küchenrolle. Schneide sie in mundgerechte Stücke.

Wasche die Garnelen und stelle sie beiseite.

... WEITER GEHT'S AUF SEITE 112

Gib das Rapsöl in eine Pfanne und brate das Hühnchen darin **5 Minuten** an. Salze und pfeffere es und fülle es aus der Pfanne in einen Teller um.

Gib nun die Garnelen in die Pfanne und brate sie **1 Minute** pro Seite an. Salze und pfeffere sie ebenfalls und fülle sie um.

Röste nun die Zwiebel und die Peperoniwürfel in der Pfanne an.

Gib die Tomaten und die Erbsen dazu.

Würze alles mit Salz, Pfeffer und Safran.

Gib den Reis dazu.

Dünste ihn kurz mit und gieße die Brühe dazu. Lasse alles bei mittlerer Hitze etwa **20 Minuten** köcheln.

Verteile dann das Fleisch und die Garnelen auf dem Reis.

Decke die Pfanne mit dem Topfdeckel zu und lasse sie **10 Minuten** zugedeckt auf dem abgeschalteten Herd stehen.

Garniere alles mit der gehackten Petersilie und fertig ist deine Kinder-Paella!

TIPP

Wenn du möchtest, kannst du den Paella-Topf einfach in die Mitte des Tisches stellen, sodass alle gemeinsam daraus essen können.

Linsen-Chili

sprich „Linsen-Tschili“

4 PERSONEN

40 MINUTEN

MITTEL

Zutaten

1 kleine **Zwiebel** oder
2 Schalotten
2 **Peperoni**
2 EL **Rapsöl**
300 g **rote Linsen**
3 EL **Tomatenmark**
1 Schuss **Balsamicoessig**
550 ml **Fleischbrühe**
400 g **passierte Tomaten**
1 kleine Dose **Mais**
(160 g abgetropft)
1 Dose **rote Bohnen**
(160 g abgetropft)
Salz
Pfeffer
Paprikapulver
½ EL **Backkakao**

1

Schäle die Zwiebel und schneide sie in kleine Würfel.

2

Wasche die Peperoni, entferne das Kerngehäuse und schneide sie in etwa 2 cm große Stücke.

3 Erhitze das Rapsöl in einem Topf und dünste die Zwiebel darin an.

4 Gib die Peperoni und die Linsen dazu und dünste beides **2 Minuten** mit.

5 Rühre das Tomatenmark und den Balsamicoessig ein.

6 Lösche alles mit der Fleischbrühe ab und lasse es einmal aufkochen.

7 Gib die passierten Tomaten dazu und lasse alles **15 Minuten** köcheln.

8 Füge den Mais und die Bohnen hinzu und lasse den Eintopf noch mal **5 Minuten** köcheln.

9 Schmecke alles mit Salz, Pfeffer und Paprikapulver ab und rühre zum Schluss den Kakao unter.

TIPP

Wenn du möchtest, kannst du die Linsen natürlich durch Hackfleisch ersetzen.

Pfannkuchen von süß bis salzig

4 PERSONEN

20 MINUTEN

LEICHT

Zutaten

200 g **Mehl**

500 ml **Milch**

1 Prise **Salz**

3 EL **Zucker**

1 Päckchen **Vanillezucker**

6 **Eier**

100 g **Butter,** zerlassen und abgekühlt

etwas **Pflanzenöl** für die Pfanne

1

Siebe das Mehl in eine Schüssel oder auf ein Blatt Backpapier.

2

Verquirle in einer zweiten Schüssel mit einem Schneebesen die Milch mit Salz, Zucker, Vanillezucker und den Eiern.

3

Füge das Mehl hinzu und verrühre alles zu einem glatten Teig.

4

Gieße die zerlassene Butter dazu und verrühre alles noch einmal gründlich.

5

Erhitze etwa 1 TL Pflanzenöl in einer Pfanne und gib den Teig portionsweise hinein. Verteile den Teig gleichmäßig auf dem Pfannenboden, indem du die Pfanne leicht schwenkst.

6

Backe den Pfannkuchen bei mittlerer Hitze von beiden Seiten goldbraun. Gib den Pfannkuchen auf einen Teller und fülle ihn mit Marmelade oder Nuss-Nougat-Creme und bestreue ihn mit Staubzucker.
Backe die restlichen Pfannkuchen, bis der Teig aufgebraucht ist.

TIPP

Für die salzige Variante einfach den Zucker und den Vanillezucker weglassen und zum Beispiel Schinkenwürfel, Käsewürfel oder klein geschnittenes Gemüse in den Teig geben.

Milchreis

4 PERSONEN
40 MINUTEN
MITTEL

Zutaten

50 g **Butter**
300 g **Rundkornreis**
3–5 EL **Zucker** (je nachdem, wie süß der Milchreis werden soll)
1 Prise **Salz**
1 l **Milch**
100 ml **Sahne**
1 **Zimtstange**
Mark von ½ **Vanilleschote**
1 Handvoll **Rosinen**
2 TL **Zimtpulver**
3–4 TL **Kakaopulver**

Lasse die Butter in einem Topf schmelzen.

Gib den Reis dazu und lasse ihn **2–3 Minuten** bei niedriger Hitze anschwitzen.

Gib Zucker und Salz dazu und rühre ordentlich um.

Gieße die Milch und die Sahne hinein und gib die Zimtstange und das Vanillemark dazu.

Lasse alles **20–30 Minuten** bei mittlerer Hitze köcheln und rühre ständig um. Der Milchreis muss weichgekocht sein.

Nimm den Topf vom Herd und gib die Rosinen dazu.

Rühre nochmals um und lasse den Reis zugedeckt **5 Minuten** ziehen. Verteile dann den Milchreis auf vier Schüsseln und bestreue ihn mit Zimt und/oder Kakaopulver.

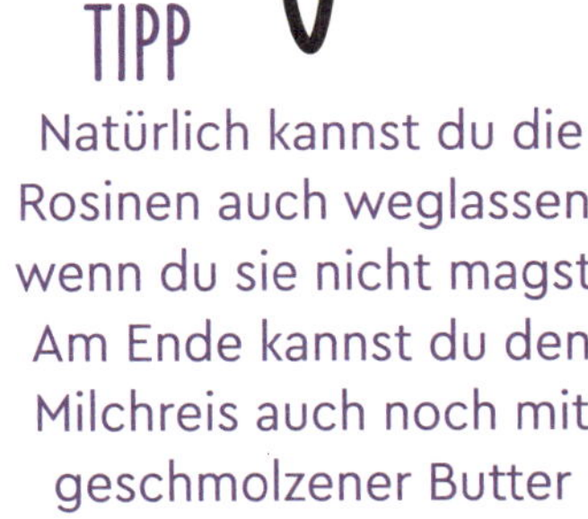

TIPP

Natürlich kannst du die Rosinen auch weglassen, wenn du sie nicht magst. Am Ende kannst du den Milchreis auch noch mit geschmolzener Butter übergießen.

Für zwischendurch

und zum Naschen

Lustige Toasts mit Tiergesichtern

4 PERSONEN

15 MINUTEN

LEICHT

Zutaten

AFFEN-TOAST
4 Scheiben **Toastbrot**
1 Flocke **Butter**
Nuss-Nougat-Creme
1 **Banane**
8 **Heidelbeeren**

BÄREN-TOAST
4 Scheiben **Toastbrot**
1 Flocke **Butter**
Erdnussbutter
1 **Banane**
8 **Heidelbeeren**

FUCHS-TOAST
4 Scheiben **Toastbrot**
1 Flocke **Butter**
Frischkäse
Erdnussbutter
1 **Banane**
2 **Erdbeeren**
12 **Heidelbeeren**

1

Brate die Toastscheiben in einer Pfanne mit etwas Butter an. Lass sie dann vollständig auskühlen.

2

Für die Affen-Toasts verstreiche die Nuss-Nougat-Creme gleichmäßig auf den Toastscheiben.

3

Schneide die Banane in Scheiben, halbiere diese und platziere sie als Ohren und Nase.

4

Wasche die Heidelbeeren und setze sie als Augen auf die Toasts – fertig ist der Affen-Toast.

5

Für die Bären-Toasts verstreiche die Erdnussbutter gleichmäßig auf den Toasts. Schneide die Banane in Scheiben.

6

Setze die Bananenscheiben als Ohren und Nase auf die Toasts.

7

Wasche die Heidelbeeren und setze jeweils 1 auf die Bananen-Nase. Gib dem Bären dann noch zwei Augen mit jeweils 2 Heidelbeeren – fertig ist der Bären-Toast.

... WEITER GEHT'S AUF SEITE 126

8

Für die Fuchs-Toasts verstreiche den Frischkäse auf den Brotscheiben. Lasse dabei an einer Seite mittig ein kleines Dreieck frei.

9

Bestreiche das Dreieck mit Erdnussbutter.

10

Schneide die Banane in Scheiben und platziere sie als Augen.

11

Schneide die Erdbeeren in Scheiben und setze diese als Ohren auf den Toast.

12

Wasche die Heidelbeeren und mache aus ihnen Augen und Nase – fertig ist der Fuchs-Toast.

TIPP

Du kannst auch andere Tiergesichter machen, wie Katze, Fisch oder Eule. Lass dabei deiner Fantasie freien Lauf.

Pizzawaffeln

8 STÜCK

50 MINUTEN

LEICHT, ABER MIT ELTERN BEIM BENUTZEN DES WAFFELEISENS

Zutaten

2 **Eier**
6 g **Trockenhefe**
450 ml **lauwarme Milch**
Salz und **Pfeffer**
300 g **Mehl**
80 g **Olivenöl**
80 g **Mozzarella**
60 g **Schinken**
1 TL **Tomatenmark**
1 TL **getrockneter Oregano**
Pflanzenöl für das Waffeleisen
frische **Cocktailtomaten**
Basilikumblätter

1

Nimm eine Schüssel und verquirle darin die Eier mit der Milch, der Hefe und jeweils 1 Prise Salz und Pfeffer.

2

Gib nach und nach das Mehl dazu.

Verrühre alles mit dem Schneebesen zu einem glatten Teig. Wenn der Teig zu fest ist, gib einfach noch ein wenig mehr Milch dazu. Decke die Schüssel ab und lasse den Teig an einem warmen Ort **25 Minuten** ruhen.

Gib das Olivenöl zum Teig und rühre es unter.

Schneide den Mozzarella und den Schinken in kleine Stücke.

Rühre Tomatenmark, den Mozzarella und den Schinken sorgfältig unter den Teig. Gib zum Schluss den Oregano dazu.

Heize das Waffeleisen auf und öle es etwas ein.

Backe jeweils eine Kelle Teig zu einer Waffel.

Dekoriere deine Pizzawaffel mit frischen Cocktailtomaten und Basilikumblättern.

Frühstücksomelett-Muffins

sprich „Maffins“

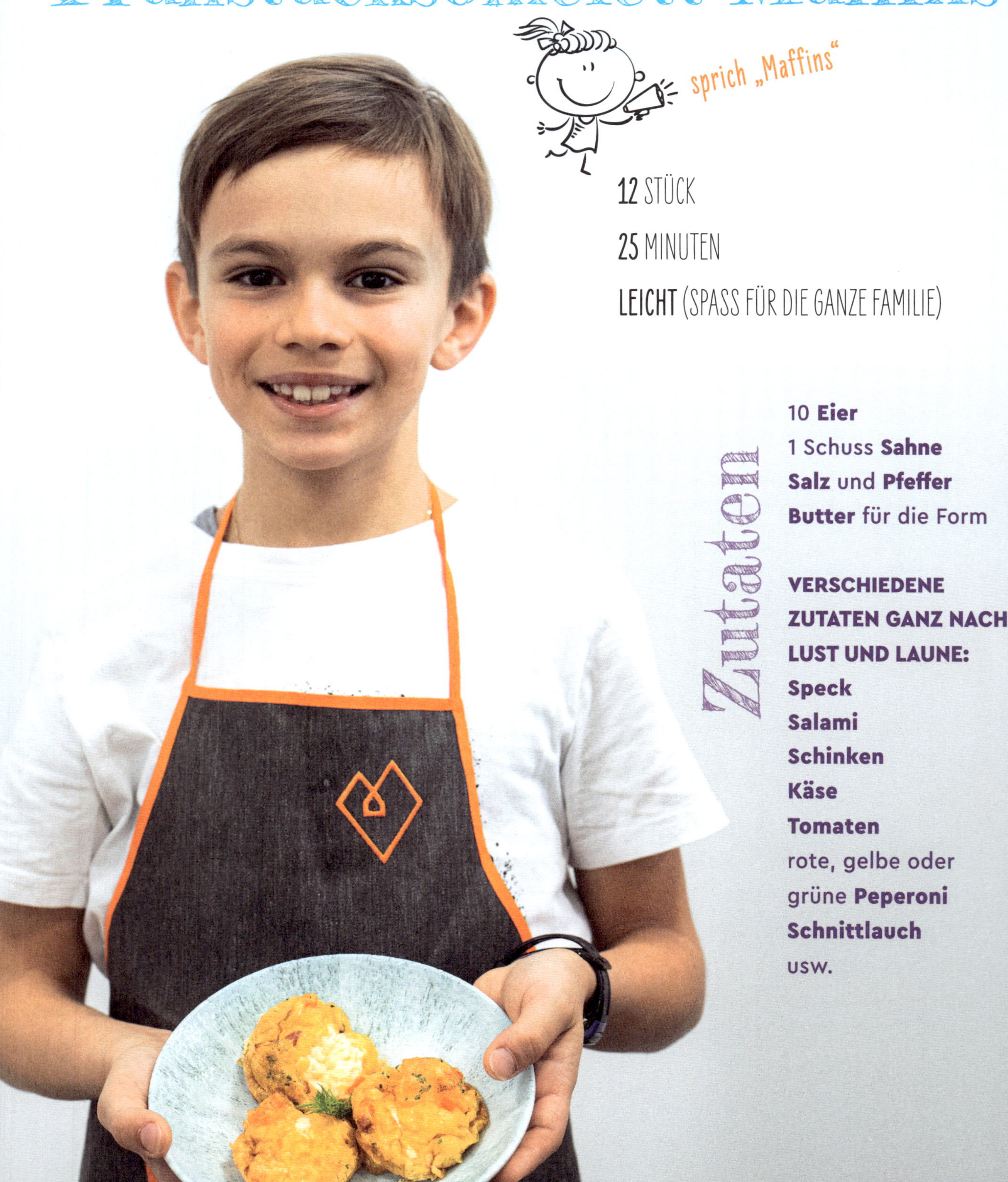

12 STÜCK

25 MINUTEN

LEICHT (SPASS FÜR DIE GANZE FAMILIE)

Zutaten

10 **Eier**
1 Schuss **Sahne**
Salz und **Pfeffer**
Butter für die Form

VERSCHIEDENE ZUTATEN GANZ NACH LUST UND LAUNE:
Speck
Salami
Schinken
Käse
Tomaten
rote, gelbe oder grüne **Peperoni**
Schnittlauch
usw.

Hol dir eine große Schüssel und schlage die Eier auf (pass aber auf, dass keine Eierschalen mit hineingeraten).

Verrühre nun die Eier mit einem großzügigen Schuss Sahne und würze sie mit Salz Pfeffer.

Schneide nun die weiteren Zutaten deiner Wahl in kleine Stückchen und gib sie einzeln in kleine Schüsselchen.

Heize den Ofen auf **180 Grad** ▭ vor. Fette die Muffinförmchen gut mit Butter ein. Stelle nun die Förmchen und die Schüsselchen in die Mitte eures Frühstückstisches. Jetzt kann sich jeder seine Omeletts füllen, wie er möchte, zum Beispiel mit Schinkenstückchen, Peperoni und Käse.

Wenn alle ihre Muffinmulden gefüllt haben, verteile vorsichtig die Eimasse darüber.

Backe die Muffins **20 Minuten** im Ofen.

Jetzt kannst du mit deiner ganzen Familie das Frühstück genießen.

Zupfbrot

4 PERSONEN

1 STUNDE

SCHWER

Zutaten

500 g **Mehl**
1 TL **Salz**
1 EL **Olivenöl**
1 Päckchen **Trockenhefe**
1 Prise **Zucker**
300 g **lauwarmes Wasser**
Pflanzenöl für die Form

1

Gib Mehl, Salz und Olivenöl in die Schüssel der Küchenmaschine.

2

Vermische Trockenhefe, Zucker und das lauwarme Wasser in einer anderen Schüssel und verrühre alles ordentlich.

3

Vermische den Inhalt beider Schüsseln und verknete ihn **10 Minuten** mit dem Handrührgerät oder der Küchenmaschine. Decke den Teig mit einem sauberen Küchentuch zu und lasse ihn an einem warmen Ort **45 Minuten** gehen.

4

Nimm eine runde Kuchenform (30 cm Ø) und pinsele sie gut mit Pflanzenöl ein.

5

Forme den Teig erst zu einer Kugel, dann zu einer langen Rolle.

... WEITER GEHT'S AUF SEITE 136

6

Stich oder schneide vom Teig jeweils etwa 20 g schwere Stückchen ab und forme sie zu Bällchen.

7

Verteile die Bällchen gleichmäßig nebeneinander in der Kuchenform. Decke sie nochmals mit dem Küchentuch ab und lasse sie weitere **15 Minuten** an einem warmen Ort ruhen. Heize den Ofen auf **180 Grad** vor.

8

Bepinsle die Bällchen dann mit Wasser und bestäube sie mit wenig Mehl. Backe das Zupfbrot **20 Minuten** lang im Ofen. Lass dir beim Herausholen aus dem Ofen von einem Erwachsenen helfen.

9

Lasse es ein paar Minuten auskühlen, bevor du es servierst.

TIPPS

Zupfbrot passt am besten zu gegrilltem Fleisch und zu einem kalten Abendbrot. Du kannst auch verschiedene gehackte Kräuter in den Teig geben oder das Zupfbrot mit Käse überbacken.

Nuss-Nougat-Blätterteigschnecken

sprich „Nugat“

4 PERSONEN
25 MINUTEN
LEICHT

Zutaten

1 Rolle **Blätterteig** (aus dem Kühlregal)
6–8 EL **Nuss-Nougat-Creme**
1 **Banane**
10 **Erdbeeren** oder die entsprechende Menge andere Beeren oder Früchte deiner Wahl

1

Heize den Backofen ☐ auf **200 Grad** vor. Packe den Blätterteig aus und rolle ihn vorsichtig auseinander.

2

Verteile die Nuss-Nougat-Creme auf dem Blätterteig.

3

Schäle die Banane und schneide sie in Scheiben.

4

Wasche die Erdbeeren und entferne das Grüne. Schneide die Erdbeeren ebenfalls in Scheiben.

5

Verteile die Früchte gleichmäßig auf der Creme.

6

Rolle den Teig von der langen Seite auf.

7

Schneide die Rolle ihn in etwa 2 cm dicke Scheiben, setze die Schnecken auf ein mit Backpapier ausgelegtes Blech und gib sie für etwa **15 Minuten** in den Ofen. Lass dir beim Herausholen von einem Erwachsenen helfen.

8

Lass die Blätterteigschnecken für ein paar Minuten auskühlen, bevor du sie genießt.

Apfel-Karotten-Muffins

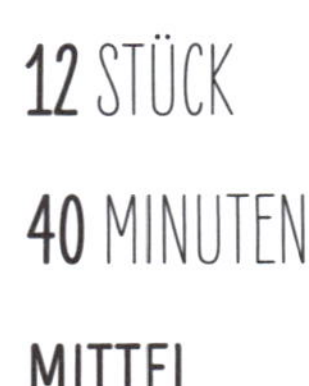

12 STÜCK

40 MINUTEN

MITTEL

sprich „Maffins“

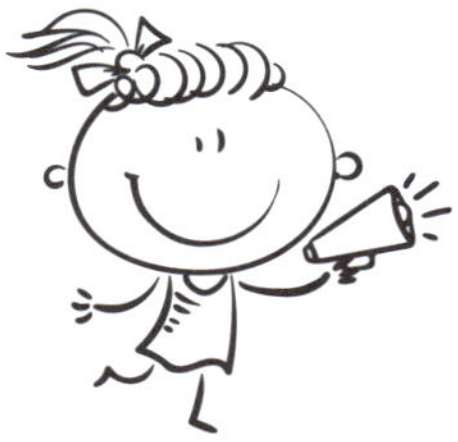

Zutaten

- 100 g **Äpfel,** fein geraspelt
- 125 g **Karotten,** fein geraspelt
- 40 g **Kokosflocken**
- 100 g **Walnüsse,** grob gehackt
- 125 g **Mehl**
- 1 Päckchen **Backpulver**
- 1 Prise **Salz**
- 1 TL **Zimtpulver**
- 90 ml **Rapsöl**
- 100 g **Zucker**
- 2 **Eier**

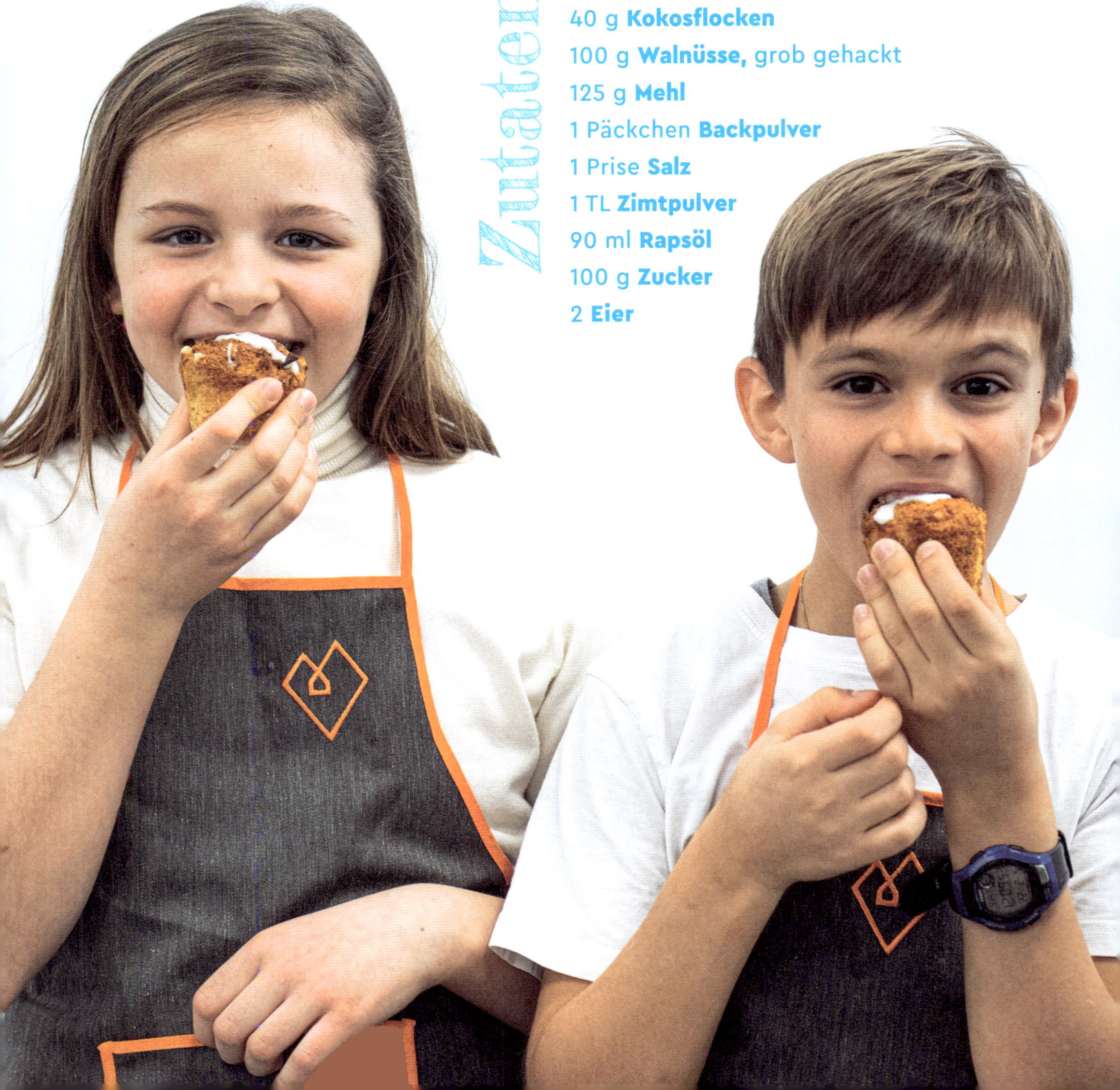

Nimm eine Schüssel und vermische die geraspelten Äpfel, die geraspelten Karotten, die Kokosflocken und die gehackten Walnüsse.

Vermische in einer weiteren Schüssel das Mehl, das Backpulver, das Salz und den Zimt und stelle beide Schüsseln beiseite. Heize den Ofen auf **160 Grad** vor.

Gib das Öl, den Zucker und die Eier in die Küchenmaschine und schlage sie mindestens **5 Minuten** lang cremig.

Füge dann immer wieder einen Löffel von der Mehlmischung hinzu und verrühre sie langsam.

Gib nun die Apfel-Karotten-Mischung dazu und lasse sie kurz unterrühren.

Fülle den Teig in die 12 Muffinförmchen.

Backe die Muffins für etwa **20 Minuten.** Hole sie mithilfe eines Erwachsenen aus dem Ofen. Lass sie kurz auskühlen und löse sie dann aus der Form.

TIPP

Wenn du Förmchen aus Metall hast, müssen sie mit Butter eingefettet werden.

Lustige Butterplätzchen

20 STÜCK

1 STUNDE

LEICHT

Zutaten

260 g **weiche Butter**
120 g **Staubzucker**
2 **Eier**
1 TL **Vanillezucker**
400 g **Mehl**
60 g **Maisstärke**

1

Gib die weiche Butter und den Staubzucker in die Rührmaschine und rühre beides cremig.

2

Gib die Eier, den Vanillezucker, das Mehl und die Stärke dazu und verknete alles zu einem Teig.

3

Knete den Teig auf einer bemehlten Arbeitsfläche mit den Händen, bis er glatt ist.

4

Forme den Teig zu einem Rechteck, wickle ihn in eine Klarsichtfolie ein und lege ihn **30 Minuten** in den Kühlschrank.

5

Heize den Backofen auf **160 Grad** ▭ vor. Rolle den Teig auf einer bemehlten Arbeitsfläche aus.

6

Steche mit Ausstechförmchen deiner Wahl Kekse aus.

7

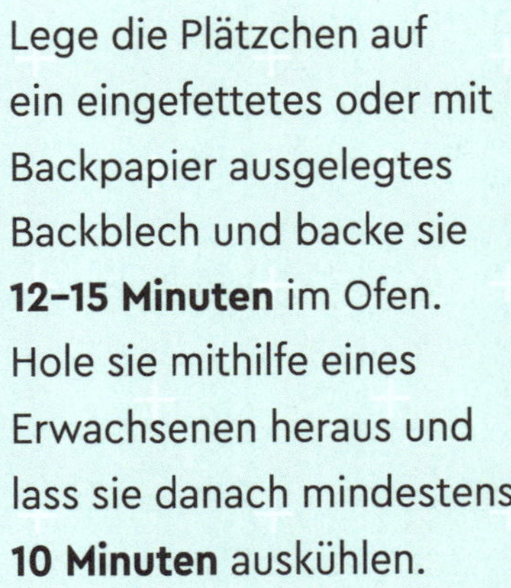

Lege die Plätzchen auf ein eingefettetes oder mit Backpapier ausgelegtes Backblech und backe sie **12–15 Minuten** im Ofen. Hole sie mithilfe eines Erwachsenen heraus und lass sie danach mindestens **10 Minuten** auskühlen.

8

Dekoriere die Plätzchen mit Schokolade, Streuseln oder anderen Verzierungen deiner Wahl.

Käsekuchen mit Schokoriegel

1 TORTE (12–16 STÜCK)

55–60 MINUTEN

MITTEL

Zutaten

200 g **Butterkekse**
oder andere Digestiv-Kekse
80 g **Butter**
3 große **Eier**
250 g **Ricotta**
200 g **Crème fraîche** (sprich „Kräm fräsch")
120 g **Zucker**
1 Päckchen **Vanillepuddingpulver**
1 Päckchen **Vanillezucker**
6 **Schokoladenriegel**

Heize den Ofen auf **160 Grad** ⊛ vor. Zerbrösle die Kekse. Das funktioniert zum Beispiel gut, indem du die Kekse in einen Gefrierbeutel gibst, diesen verschließt und die Kekse mit einem Nudelholz klein schlägst.

Schmelze die Butter bei geringer Hitze und nimm sie vom Herd. Fülle die Keksbrösel in eine Schüssel und gib die flüssige Butter dazu.

Vermische alles gut miteinander.

Nimm eine runde Kuchenform und bedecke den Boden mit Backpapier. Super wäre eine Form, bei der man den Boden herausnehmen kann.

Drücke nun die Keksmischung als Boden in die Form und backe den Boden **5 Minuten** vor.

Trenne in der Zwischenzeit die Eier.

... WEITER GEHT'S AUF SEITE 150

7

Gib das Eiweiß in die Schüssel der Rührmaschine und schlage es zu Schnee.

8

Nimm eine große Schüssel und vermische darin das Eigelb mit dem Ricotta, der Crème fraîche, dem Zucker, dem Vanillezucker und dem Puddingpulver.

9

Hebe in mehreren Portionen das Eiweiß darunter und verrühre es vorsichtig.

10

Verstreiche die Masse gleichmäßig auf dem vorgebackenen Keksboden.

11

Brich die Schokoladenriegel in kleine Stücke und verteile sie gleichmäßig auf dem Kuchen.

12

Schiebe den Kuchen **40 Minuten** in den Ofen. Schalte den Ofen danach aus und lasse den Kuchen noch **5 Minuten** im Ofen ruhen. Hole ihn dann mithilfe eines Erwachsenen heraus, lasse ihn kurz auskühlen und fertig ist dein Schokoriegel-Käsekuchen.

TIPP

Der Käsekuchen schmeckt lauwarm, aber auch kalt megalecker.

Kokosnusspudding

6 PERSONEN

20 MINUTEN

LEICHT

Zutaten

800 ml **Kokosmilch**
70 g **Maisstärke**
3 TL **Zucker**
1 Prise **Salz**
1 Prise **Vanillepulver**
5 EL **Kokosraspel**

1

Vermische die Kokosmilch in einem Topf mit der Maisstärke, dem Zucker, dem Salz und dem Vanillepulver. Lasse die Mischung bei mittlerer Hitze **2–3 Minuten** köcheln.

2

Bleibe dabei die ganze Zeit neben dem Topf stehen und rühre dauernd mit einem Schneebesen alles gut um, damit dir nichts anbrennt.

3

Nimm dann ein Sieb, gib den Pudding hinein und streiche ihn mit einem Löffel durch das Sieb in einen Messbecher.

4

Fülle den Pudding in sechs Gläser ab und gib ihn für **30 Minuten** zum Abkühlen in den Kühlschrank.

5

Röste die Kokosraspel in einer Pfanne **1 Minute** an. Vorsicht, sie können schnell verbrennen!

6

Wenn der Pudding ganz abgekühlt und gestockt ist, verteile die Kokosraspel auf dem Pudding.

Energiekugeln

14 STÜCK

20 MINUTEN

LEICHT

Zutaten

100 g **Karotten,** fein geraspelt
250 g **Datteln**
150 g **Mandeln,** gemahlen
40 g **Kokosflocken**
½ TL **Zimtpulver**
1 Prise **geriebene Muskatnuss**
1 Prise **Salz**

Gib die geraspelten Karotten in eine Schüssel.

Teile die Datteln vorsichtig mit einem Messer und entferne den Stein.

Vermische die Karotten mit den Datteln, den Mandeln und der Hälfte der Kokosraspel und gib alles zusammen in einen Mixer.

Gib das Zimtpulver, die Muskatnuss und Salz dazu.

Mixe das Ganze so lange, bis eine glatte Masse entsteht.

Gib die Mischung in eine Schüssel und lasse sie im Kühlschrank **10 Minuten** ziehen.

Forme aus der Masse zwischen den Handflächen gleich große Kugeln.

Rolle die Energiekugeln in den restlichen Kokosraspeln.

TIPP

Luftdicht aufbewahrt halten die Energiekugeln im Kühlschrank drei Tage.

Erdbeer-Tiramisu

4 PERSONEN

40 MINUTEN

MITTEL

Zutaten

300 g **Erdbeeren**
60 g **Staubzucker**
1 EL **Zitronensaft**
150 g **Mascarpone**
150 ml **Sahne**
Mark von 1 **Vanilleschote**
100 g **Löffelbiskuit**
150 ml **Orangensaft**
60 g **weiße Schokolade**

1

Wasche die Erdbeeren, entferne das Grün und schneide sie in Viertel.

2

Fülle 100 g von den Erdbeeren mit 3 TL Staubzucker und dem Zitronensaft in einen hohen Behälter, nimm einen Mixstab und püriere sie fein.

3

Gib nun den Mascarpone und die Sahne in die Schüssel der Rührmaschine.

4

Füge den restlichen Staubzucker und das ausgekratzte Vanillemark hinzu.

5

Schlage alles zu einer schönen Creme.

6

Schneide die restlichen Erdbeeren in Stückchen.

7

Fülle den Orangensaft in eine Schüssel. Brich 1 Löffelbiskuit in zwei gleich große Stücke, tunke diese kurz in den Orangensaft und lege sie in das erste Glas. Befülle so alle vier Gläser mit der ersten Schicht.

... WEITER GEHT'S AUF SEITE 158

Verteile jeweils etwas Creme auf den Löffelbiskuits.

Bedecke die Cremeschicht mit jeweils 2 EL von der Erdbeersoße.

Gib dann je 2 EL Erdbeerstückchen auf die Erdbeersoße.

Drücke alles ein wenig fest und verteile die restlichen Löffelbiskuits, die restliche Mascarponecreme sowie die übrige Erdbeersoße und die übrigen Erdbeerstücke in der gleichen Reihenfolge auf die Gläser.

Decke die Gläser mit Klarsichtfolie ab und stelle sie für mindestens **1 Stunde** in den Kühlschrank.

Hole die Gläser heraus, decke sie ab und reibe die weiße Schokolade darüber. Und nun genieße dein Tiramisu.

TIPP

Wenn du möchtest, kannst du das Erdbeer-Tiramisu auch mit dunkler Schokolade bestreuen. Anstelle der Erdbeeren kannst du auch Himbeeren oder Heidelbeeren verwenden.

ARTI
FEX

Erdbeergummibärchen

60 BÄRCHEN

50 MINUTEN

MITTEL

Zutaten

260 g reife **Erdbeeren**
60 ml **Wasser** oder Himbeersaft
1 EL **Honig**
½ TL **Agar-Agar** (ein pflanzliches Geliermittel)

1

Wasche die Erdbeeren und erhitze sie mit Wasser in einem Topf.

2

Koche die Beeren **5–10 Minuten** weich. Lasse sie kurz auskühlen und mixe sie mit einem Pürierstab.

3

Füge nun den Honig hinzu und verrühre ihn gut. Gib dann das Agar-Agar dazu.

4

Rühre alles gut mit einem Schneebesen um. Erhitze die Masse dann noch mal und lasse sie **30 Sekunden** köcheln. Stelle den Topf beiseite und lass die Masse **1 Minute** auskühlen.

5

Fülle die Masse in die Form. Du kannst dazu eine Pipette oder einen Spritzbeutel verwenden. Stelle die Form für **30 Minuten** in den Tiefkühler. Lass dir dabei von einem Erwachsenen helfen.

6

Drücke die Gummibärchen ganz vorsichtig aus der Form.

TIPPS

Eine Gummibärchen-Form aus Silikon mit Pipette gibt es im Fachgeschäft. Du kannst aber auch einen Eiswürfelbehälter und einen Spritzbeutel verwenden. Wenn die Masse abkühlt, wird sie fest. Du kannst sie aufwärmen, dann wird sie wieder flüssig.

STERZING·VIPITENO
Sapori di Vipiteno
La Qualità si sente!
NON OGM
Mela verde
Pera e camomilla
Mirtillo nero
Miele e melissa

BESSER GEHT'S NICHT

Als Koch – und das bist du jetzt ja auch! – muss man bei Lebensmitteln eines sein: kritisch. Schließlich kann man nur gute Zutaten in gute Gerichte verwandeln, oder? Deshalb gilt für mich: Ich will nur das Beste, ich will, dass die Qualität passt, ich will, dass die Produkte, die ich verwende, frisch sind. Und obendrein weiß ich immer gern, woher meine Produkte kommen und wie sie hergestellt werden.

Bei meinem Joghurt, dem im Kühlschrank daheim und dem in der Hotelküche, weiß ich es nicht nur, ich erlebe es sogar. Tag für Tag, von A bis Z. Wenn ich zum Beispiel auf dem Weg ins Hotel an den Bauernhöfen vorbeifahre, stehen in deren Ställen Kühe. Genau die, die die Milch für meinen Joghurt liefern. Ich weiß also, dass es diesen Kühen gut geht und was sie fressen: viel frisches Gras und im Winter das Heu von den Wiesen. Ich weiß auch, dass es die Milch nicht weit hat, denn mein Joghurt – ebenso wie die Butter, die ich zum Kochen und Backen verwende – wird im Milchhof Sterzing gemacht, also nur ein paar Kilometer weiter.

Dem Sammelwagen, der die Milch von den Bauern abholt, begegne ich immer wieder. Aber das ist kein Wunder, wird die Milch doch ständig bei den Bauernhöfen eingesammelt, damit sie ganz frisch verarbeitet werden kann. Stell dir vor, was das für eine Riesenleistung ist: die Milch von 600 Bauern abzuholen und an den Milchhof Sterzing zu liefern. Das ganze Jahr hindurch, ohne einen einzigen Ruhetag.

Übrigens: Die Bauern liefern ihre Milch nicht nur an den Milchhof Sterzing, ihnen gehört er auch. Der Milchhof ist schließlich nicht irgendein gesichtsloses Unternehmen, sondern eine Genossenschaft, also ein Zusammenschluss der Bauern. Die Rechnung, die sich daraus ergibt, ist einfach: Geht's dem Milchhof gut, geht's den Bergbauern gut. Und das ist wichtig, wenn wir auch künftig Bauernhöfe an steilen Berghängen bewundern, Kühe auf unseren Wiesen beobachten und auf unsere Almen wandern wollen.

Wie gesagt: Ich liebe es, wenn ich die Geschichte hinter einem Lebensmittel kenne. Noch dazu, wenn es eine so tolle ist, wie die des Sterzinger Joghurts. Und ich liebe es, wenn eine solch tolle Geschichte zu einem tollen Produkt passt. **Für mich ist der Joghurt des Milchhofs Sterzing schließlich der beste der Welt.** Er ist unglaublich cremig und zudem gibt es ihn in so vielen verschiedenen Geschmacksrichtungen, dass jeder seinen Lieblingsjoghurt findet: von Klassikern wie Erdbeere, Zitrone, Haselnuss oder Ananas bis zu so ausgefallenen Mischungen wie Honig/Melisse, Granatapfel/Brombeere, Williamsbirne/Kamille oder Orange/Karotte/Ingwer.

Dass der Sterzinger Joghurt der Beste ist, behaupte übrigens nicht nur ich. Gib nur einmal acht, wenn du mit deinen Eltern in den Urlaub fährst: Vom Brenner bis nach Sizilien findest du den Joghurt mit dem Sterzinger Stadtwappen in so ziemlich jedem Kühlregal. Er gehört zu den drei beliebtesten Joghurtmarken in Italien. Auch in Deutschland und Österreich, in der Schweiz und in Tschechien, ja selbst in Hongkong isst man Joghurt aus Sterzing. Und in Dubai, in einem der besten Hotels der Welt, gibt's zum Frühstück Joghurt – na von wem wohl? Richtig, vom Milchhof Sterzing!

Milchhof Sterzing
Jaufenstraße 108
39049 Sterzing (BZ)
T +39 0472 764155
info@milchhof-sterzing.it
www.milchhof-sterzing.it

Tina

NICHT LANGE ÜBERLEGEN: TU ES!

Irgendwo habe ich einmal gelesen: „Es gibt nichts Gutes, außer man tut es." Für die Küche ist das wörtlich zu nehmen: Es gibt tatsächlich nichts Gutes, wenn sich nicht jemand an den Herd stellt. Was gibt's denn heute? Gar nichts. Und schon gar nichts Gutes. Der Spruch ist also auch eine Aufforderung an jeden von uns und an Kinder ganz besonders: Leg selbst Hand an! Probiere etwas aus! Hab keine Angst! Und mach dir keine Sorgen, dass etwas schiefgehen könnte. Genau das macht ja den Spaß aus.

Als ich angefangen habe, im Feuerstein Nature Family Resort in Pflersch zu arbeiten, hat mich begeistert, dass das Feuerstein-Team auf der gleichen Wellenlänge ist wie ich. Auch hier gilt für Kinder: Tu es einfach! Trau dich! Alles, was Kindern hier geboten wird (und das ist so viel, dass ich gar nicht erst anfange, irgendwas aufzuzählen), ist auf sie zugeschnitten und gibt ihnen die Chance, selbst Hand anzulegen. Still sitzen muss bei uns also keiner und ganz nebenbei lernt ihr auch noch etwas.

O. k., o. k., ich weiß schon: Die Wörter „lernen" und „Urlaub" passen normalerweise nicht zusammen, aber das liegt vielleicht auch daran, dass du dir unter Lernen langweiligen Schulunterricht vorstellst. Bei uns im Hotel Feuerstein ist das ganz anders. Hier gibt's niemanden, der den Lehrer herauskehren würde, aber viele, die euch etwas beibringen können.

Nimm – ganz unbescheiden – mich als Beispiel. **Es gibt nichts Tolleres für mich, als euch Kindern Kochen beizubringen.** Deshalb bieten wir im Feuerstein auch Kochkurse an, bei denen es für Erwachsene heißt: Ich muss draußen bleiben. Bei diesen Kursen wuseln Kinder durch die Küche und hantieren mit Töpfen, Pfannen, Schüsseln, Kochlöffeln und weiß Gott noch was. Es wird geschnitten und gerührt, gemischt und gewürzt, angerichtet und (natürlich) gekostet. Und weißt du was? Ich bin jedes Mal begeistert, was Kinder imstande sind, innerhalb kürzester Zeit selbst auf den Teller zu zaubern.

Das Beste aber ist: Es schmeckt. Es schmeckt sogar besser, als wenn ein Erwachsener für dich kocht, denn schließlich schmeckst du deine Arbeit und deinen Fleiß heraus. Und deine Freude. So, genau so kannst du dir **„Unterricht" im Hotel Feuerstein** vorstellen: **Jemand zeigt dir, wie's geht, und lässt dich dann machen. Das gilt nicht nur in meiner Küche, sondern auch in unserer Holzwerkstatt, im Malatelier oder beim Basteln mit Naturmaterialien.**

Bei all diesen Angeboten im Hotel Feuerstein wirst du Maria Montessori kennenlernen. Nicht persönlich, leider, die Frau ist schon seit über 70 Jahren tot. Aber das spielt hier keine Rolle, weil Maria Montessori im gesamten Kinderprogramm des Hotels Feuerstein mit dabei ist. Als diejenige, die eine ganz neue Art von Unterricht und damit eine ganz neue Art von Lernen auf den Weg gebracht hat.

Deshalb schließe ich diesen Ausflug ins Hotel Feuerstein in Pflersch so, wie ich ihn angefangen habe. Mit einem Spruch. Es ist der Leitspruch aller, die Maria Montessori gut finden, wie wir das tun: „Hilf mir, es selbst zu tun." Genau das tun wir hier im Hotel und auch mit diesem Buch: Wir zeigen, wie's geht, den Rest erledigst du. Und das genau richtig. Du wirst schon sehen.

Feuerstein Nature Family Resort
Pflersch 185
39041 Gossensaß (BZ)
T +39 0472 770126
info@feuerstein.info
www.feuerstein.info

Notizen

Stella
Emil

Sophie
Greta
Simon

Danke

Zuallererst möchte ich **Emil, Simon, Greta, Stella** und **Sophie** danken: Gemeinsam haben wir eure Lieblingsspeisen gekocht, fotografiert und danach auch zusammen verspeist. Dass wir dabei jede Menge Spaß hatten und viel gelacht haben, sieht man auf den Fotos. Es war für mich eine wunderbare Erfahrung, mit euch zu arbeiten!

Meiner Frau **Kim Marcelli** danke ich von tiefstem Herzen für ihre wunderbaren Fotos und dafür, dass sie sich mit mir auf dieses große Abenteuer eingelassen hat. Mit ihrer unkomplizierten und ruhigen Art hat sie dafür gesorgt, dass sowohl die Kinder als auch ich auch nach stundenlangem Fotografieren noch gute Laune hatten. Ohne ihre große Hilfe wäre dieses Kochbuch wohl nie entstanden.

Herzlichen Dank, **Manuel Kottersteger,** für das unkomplizierte Fotoshooting und für seine lockere und unverfängliche Art im Umgang mit Kindern.

Meinem Chef **Peter Mader und seiner Familie** bin ich sehr dankbar, dass er mir und meinen Ideen und Projekten immer so offen gegenübersteht und wir uns mit so viel Herzblut und Engagement weiterentwickeln dürfen.

Ein riesengroßes Dankeschön meinen Köchinnen **Maia Villgrattner, Sandra Kofler, Angela Martinelli, Stefanie Jehle, Aman** und meinem **ganzen Küchenteam** für die grandiose Unterstützung. Mein Dank gilt auch dem **Südtiroler Köcheverband.**

Meiner Mama **Christina Weger** danke ich dafür, dass sie immer an mich glaubt und mich unterstützt, wo sie nur kann.

Und ganz besonders danke ich **allen Kindern,** die mit ihren Eltern zu Gast im Hotel Feuerstein sind und mich zu diesem Buch inspiriert haben.

Bibliografische Information der Deutschen Nationalbibliothek
Die Deutsche Nationalbibliothek verzeichnet diese Publikation in der Deutschen Nationalbibliografie; detaillierte bibliografische Daten sind im Internet abrufbar: http://dnb.d-nb.de

Bildnachweis
Manuel Kottersteger: Umschlag vorne, S. 2, 8, 10, 14, 17/18, 22–25, 34 (unten), 39, 42/43, 52/53, 56, 58/59, 66/67, 71, 77, 82/83, 90, 100/101, 107, 116/117, 124, 128/129, 137/138, 140/141, 145 (rechts unten), 146/147, 151, 159–161, 164/165, 168/169, 172–174
stockadobe.com: Illustrationen jeglicher Art
Alle restlichen Bilder stammen von **Kim Marcelli.**

2. Auflage 2024

Text Einleitung: J. Christian Rainer
Lektorat: Julia Voigtländer, Köln
Design & Layout: Athesia-Tappeiner Verlag
Bildbearbeitung: Typoplus, Frangart
Druck: GZH, Zagreb
Papier: Umschlag Imitlin Fiandra Neve, Vorsatz Offset weiß, Innenteil Tauro Offset

Gesamtkatalog unter
www.athesia-tappeiner.com

Fragen und Hinweise bitte an
buchverlag@athesia.it

ISBN 978-88-6839-606-0
ISBN 978-88-6839-607-7 (e-Book)

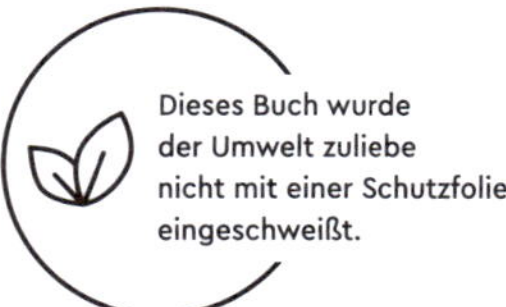

ICE